Martin Tuschl

Demokratie
Was bringt mir das?

Arbeitsblätter zur politischen Meinungsbildung

Klasse 5 – 10

Auer Verlag

Bildquellennachweis

S. 10 Maler-Azubi © Fotolia.com
S. 16 Bürgerinitiative © Fotolia.com
S. 21 Fotos: 1. Graffiti „Volk" vom Graffitiwettbewerb DemokratieVersprühen, Kunstwerk eines Teilnehmers vom Battle in Chemnitz. Nachweis: Archiv DemokratieVersprühen © by BStU. Alle Rechte vorbehalten.; 2. Wählerin in einer Wahlkabine © Alexander Hauk / wikipedia.de; 3. Plenarsaal des Deutschen Bundestags © Stefan Kemmerling / wikipedia.de; 4. Bürgerinitiative © 4. Fotolia.com; 5. Bundesverfassungsgericht, Karlsruhe © Tobias Helfrich / wikipedia.de
S. 25 Ostrakoi © Qwqchris /wikipedia.de
S. 30 Schaubild „Verfassungsorgane der BRD" © Zahlenbilder.de
S. 33 Schaubild „Die Organisation des Deutschen Bundestags" © Zahlenbilder.de
S. 36 Schaubild „Der Gang der Gesetzgebung" © Zahlenbilder.de
S. 42 Josef Goebbels © Bundesarchiv, Bild 102-17049 / unbekannt / CC-BY-SA
S. 48 Stimmzettel ausfüllen © Fotolia.com
S. 50 Plenarsaal des Deutschen Bundestags © Stefan Kemmerling / wikipedia.de; Adolf Hitler © Bundesarchiv, Bild 183-S33882 / unbekannt / CC-BY-SA
S. 53 Schaubild „Die Grundrechte" © Zahlenbilder.de
S. 54 Bundesverfassungsgericht, Karlsruhe © Tobias Helfrich / wikipedia.de; Diagramm Verfahrenseingänge beim Bundesverfassungsgericht © 2010 BVerfG
S. 55 Schaubild „Das Bundesverfassungsgericht" © Zahlenbilder.de
S. 61 Justus-Lipsius-Gebäude in Brüssel © Ben2 / wikipedia.de; Europäische Flaggen vor dem Gebäude der Europäischen Kommission © Xavier Häpe / wikipedia.de / cc-by-2.0; Europäisches Parlament © Saibo / wikipedia.de
S. 65 Schaubild aus: „Forschen mit GrafStat" in Baustein 1: Europa und ich (I): Einstellungen Jugendlicher zu Europa und zur EU von Wolfgang Sander / Julia Haarmann / Matthias Noé der Unterrichtsreihe Europawahl 2009 (unter Verwendung der Daten aus: http://ec.europa.eu/public_opinion/flash/fl_202_sum_en.pdf)
S. 67 Plenarsaal des Deutschen Bundestags © Stefan Kemmerling / wikipedia.de; Europäisches Parlament © Saibo / wikipedia.de

Gedruckt auf umweltbewusst gefertigtem, chlorfrei gebleichtem und alterungsbeständigem Papier.

1. Auflage 2011
Nach den seit 2006 amtlich gültigen Regelungen der Rechtschreibung

Illustrationen: Julia Flasche, Berlin
Satz: krauß-verlagsservice, Augsburg
Druck und Bindung: Franz X. Stückle Druck und Verlag, Ettenheim
ISBN 978-3-403-**06684**-2

www.auer-verlag.de

Inhaltsverzeichnis

5 Vorwort

Kapitel 1

6 **„Alltägliche" Demokratie**

6 Familienkonferenz
7 Demokratie in der Schule – Rechte von Schülervertretungen
9 Jugendstadtrat
10 Jugend- und Auszubildendenvertretung
12 Mitbestimmung im Betrieb
13 Beteiligungsformen von Kindern und Jugendlichen
15 Jugendliche Beteiligung – Pro und Kontra
16 Bürgerinitiative

Kapitel 2

17 **Entstehung und Weiterentwicklung der Demokratie**

17 Chronik der Demokratie
18 E-Democracy
19 Online-Wahlen – Pro- und Kontra-Diskussion

Kapitel 3

21 **Was bedeutet Demokratie?**

21 Demokratie in Bildern
22 Demokratieformen
23 Mehrheitsprinzip
24 Demokratie in Zitaten
25 Scherbengericht und Sieg der Demokratie
27 Rechtsstaatliche Grundsätze – Frage-Antwort-Puzzle
28 Ich bin für mich – Der Wahlkampf der Tiere
30 Verfassungsorgane der Bundesrepublik Deutschland
32 Aufgaben und Funktionen des Deutschen Bundestags
33 Organisation des Bundestages und der Abgeordneten
35 Parlamentarische Demokratie – Gewaltenverschränkung
36 Gang der Gesetzgebung
38 „Kanzlerdemokratie"
39 Parteiendemokratie
42 Streitbare (wehrhafte) Demokratie
44 Freiheit und (oder?) Sicherheit
45 Parteienverbot
46 Politische Verbände
47 Wahlsysteme
48 Stimmzettel zur Wahl der Abgeordneten des Deutschen Bundestags
49 Wahlen in früherer Zeit

Kapitel 4

50 **Demokratie im Vergleich zu anderen Systemen**

50 Demokratie – Diktatur
51 Demokratur?

Kapitel 5

52 **Grundrechte**

52 Zeittafel
53 Der Grundrechtekatalog des Grundgesetzes
54 Schutz der Grundrechte durch das Bundesverfassungsgericht
55 Organisation und Aufbau des Bundesverfassungsgerichts
56 Kinderrechte
57 Grundrechte-Kreuzworträtsel

Kapitel 6

59 **Europäische Union**

59 Grundlagentext
60 Historische Meilensteine auf dem Weg zu einem vereinigten Europa
61 Die drei zentralen Organe der Europäischen Union
62 Die Organe der EU
63 Die Gesetzgebung in der Europäischen Union
65 Die Bedeutung der Europäischen Union für Jugendliche
66 Mein Wunsch für Europa
67 Der Deutsche Bundestag und das Europäische Parlament im Vergleich

68 **Lösungen**

Vorwort

Viele Aussprüche zeigen: Demokratie ergibt sich nicht naturwüchsig (Jürgen Habermas). Demokraten fallen nicht vom Himmel (Theodor Eschenburg). Niemand wird als Demokrat geboren (Michael Greven).[1]

Demokratie muss gelernt werden – darin sind sich die Fachwissenschaften einig. Demokratie bedeutet kein zivilisatorisches Niveau, welches, einmal erreicht, für alle Zeiten stabil und gesichert ist.

> *„Demokratie ist eine […] Lebensform. Sie umfasst den Besitz und die andauernde Nutzung bestimmter Haltungen, die den Charakter eines Menschen formen und Wünsche und Ziele in allen Lebensbereichen bestimmen.“*
>
> ***John Dewey, 1939***

Die folgenden Arbeitsmaterialien bieten dementsprechend die Möglichkeit, demokratisches Bewusstsein und demokratische Kompetenzen zu entwickeln und einzuüben. Ausgehend von der Lebenswelt der Kinder und Jugendlichen bzw. von der kleinsten staatlichen Einheit (Gemeinde) bis hin zur Europäischen Union, werden unterschiedliche Szenarien behandelt, die Demokratie nicht nur als Staats-, sondern auch als gesellschaftliches Prinzip und Lebensform darstellen.

Das Wissen um Abläufe und Strukturen in modernen demokratischen Staaten, aber auch die Vermittlung von politischer Urteils- und Konfliktfähigkeit, sowie die Koordination unterschiedlicher Sichtweisen stehen im Vordergrund dieser Unterrichtsreihe.

Die methodische Konzeption der Unterrichtshilfe orientiert sich an den Erfordernissen der Schulpraxis. Eine Reihe unterschiedlicher schüler- und handlungsorientierter „Mikromethoden“, wie Markieren, Exzerpieren, Strukturieren, Nachschlagen, Notizen machen, Kurzvorträge vorbereiten, Lückentexte, Silbenrätsel usw., können „passgenau“ in der jeweiligen Unterrichtssituation eingesetzt werden.

Martin Tuschl

[1] Himmelmann, Gerhard in: Frankfurter Rundschau vom 14.03.2007; S. 29

Familienkonferenz

1 Fomuliere zu dem folgenden Bild eine kurze Geschichte.

Der Familienrat bei Kowalskis tagt …

2 Für den Erfolg einer Familienkonferenz müssen die Mitglieder der Familie Kowalski bestimmte Regeln einhalten. Formuliere mithilfe der folgenden Vorlage Regeln für eine Familienkonferenz.

Jedes Mitglied hat das Recht …

Die Stimme jedes Familienmitgliedes hat …

Die getroffene Entscheidung sollte …

Der Vorsitz der Familienkonferenz sollte …

An die Entscheidungen sind alle Familienmitglieder …

Der Umgang miteinander sollte …

3 Formuliert innerhalb der Gruppe Rollenkarten für die einzelnen Familienmitglieder und spielt die Familienkonferenz der Kowalskis nach. Wechselt in mehreren Durchgängen die verschiedenen Rollen innerhalb der Familie und versucht, eine tragfähige Entscheidung zu finden.

… Kowalski ……………………………………………………………………

……………………………………………………………………………

……………………………………………………………………………

Demokratie in der Schule – Rechte von Schülervertretungen

Schülermitverantwortung, Schülervertretung

(1) 1 Im Rahmen der Schülermitverantwortung soll allen Schülerinnen und Schülern die Möglichkeit gegeben werden, Leben und Unterricht ihrer Schule ihrem Alter und ihrer Verantwortungsfähigkeit entsprechend mitzugestalten; hierfür werden Schülersprecher und Schülersprecherinnen sowie deren Stellvertreter und deren Stellvertreterinnen gewählt. [...]

3 Zu den Aufgaben der Schülermitverantwortung gehören insbesondere die Durchführung gemeinsamer Veranstaltungen, die Übernahme von Ordnungsaufgaben, die Wahrnehmung schulischer Interessen der Schülerinnen und Schüler und die Mithilfe bei der Lösung von Konfliktfällen.

4 Zu den Rechten der Schülermitverantwortung gehört es,

- in allen sie betreffenden Angelegenheiten durch die Schule informiert zu werden (Informationsrecht),
- Wünsche und Anregungen der Schülerinnen und Schüler an Lehrkräfte, die Leiterin oder den Leiter der Schule und den Elternbeirat zu übermitteln (Anhörungs- und Vorschlagsrecht),
- auf Antrag der betroffenen Schülerinnen und Schüler ihre Hilfe und Vermittlung einzusetzen, wenn diese glauben, es sei ihnen Unrecht geschehen (Vermittlungsrecht),
- Beschwerden allgemeiner Art bei Lehrkräften, bei der Leiterin oder beim Leiter der Schule und im Schulforum vorzubringen (Beschwerderecht),
- bei der Aufstellung und Durchführung der Hausordnung, der Organisation und Betreuung von besonderen Veranstaltungen und im Schulforum mitzuwirken,
- zur Gestaltung von Kursen und Schulveranstaltungen und im Rahmen der Lehrpläne zum Unterricht Anregungen zu geben und Vorschläge zu unterbreiten.

(2) 1 Die Aufgaben der Schülermitverantwortung werden insbesondere durch folgende Einrichtungen der Schülervertretung wahrgenommen:

- Klassensprecherinnen und Klassensprecher und ihre jeweiligen Stellvertreter,
- Klassensprecherversammlung,
- erste, zweite und dritte Schülersprecherin bzw. erster, zweiter und dritter Schülersprecher,
- Schülerausschuss,
- Stadt- und Landkreisschülersprecherinnen und Stadt- und Landkreisschülersprecher im Bereich der Hauptschulen,
- Bezirksschülersprecherinnen und Bezirksschülersprecher,
- Landesschülerkonferenz.

(3) 1 Ab Jahrgangsstufe 5 wählt jede Klasse aus ihrer Mitte eine Klassensprecherin oder einen Klassensprecher und ihren bzw. seinen Stellvertreter.

2 Der Klassensprecherin bzw. dem Klassensprecher obliegen die Aufgaben der Schülermitverantwortung als Schülervertretung für die Klasse.

(4) 1 Die Klassensprecherinnen und Klassensprecher, ihre jeweiligen Stellvertreter sowie die Schülersprecherinnen und Schülersprecher bilden die Klassensprecherversammlung.

2 Die Klassensprecherversammlung behandelt Fragen, die über den Kreis einer Klasse hinaus für die gesamte Schülerschaft von Interesse sind.
(5) 1 Die Klassensprecherinnen und Klassensprecher und ihre jeweiligen Stellvertreter wählen die drei Schülersprecherinnen und Schülersprecher; die Schulordnungen können das Schulforum dazu ermächtigen, durch Beschluss das Wahlrecht auf alle Schülerinnen und Schüler auszudehnen.
2 Die Schülersprecherinnen und Schülersprecher bilden den Schülerausschuss.

(Aus dem Bayerischen Erziehungs- und Unterrichtsgesetz)

1 Als Schülersprecher[1] hast du die übrigen Mitglieder der Klassensprecherversammlung über die Möglichkeiten der Schülermitbestimmung zu informieren. Bereite hierzu ein Kurzreferat über die Rechte und den Aufbau der Schülermitverantwortung (SMV) vor. Der Auszug aus dem Bayerischen Erziehungs- und Unterrichtsgesetz sowie der folgende Notizzettel sollen dir bei der Vorbereitung helfen.

Rechte der SMV
- *Informationsrecht*
- *Anhörungs- und Vorschlagsrecht*
- *Vermittlungsrecht*
- *Beschwerderecht*
- *Hausordnung*
- *Schulveranstaltung*
- *Unterricht!!!*

Einrichtungen der Schülervertretung
- *Klassensprecher*
- *Klassensprecherversammlung*
- *Schülersprecher, Schülerausschuss*
- *Bezirksschülersprecher*
- *Landesschülerkonferenz*

! Wahl der Klassen- und Schülersprecher !

2 Die Schülermitverantwortung in Baden-Württemberg hat für ihre Mitglieder „5 Gebote aller SMV-Arbeit“ aufgestellt:

1) Die SMV ist – unbeschadet der besonderen Aufgabe der Schülervertreter – Sache aller Schüler der gesamten Schule.
2) Die SMV ist von allen am Schulleben Beteiligten (...) zu unterstützen.
3) Insbesondere soll die SMV die fachlichen, sportlichen, kulturellen, sozialen und politischen Interessen der Schüler fördern.
4) Der SMV ist Gelegenheit zu geben, in allen dafür geeigneten Aufgabenbereichen der Schule mitzuarbeiten.
5) Bei Unklarheiten oder Zweifelsfällen wird die SMV durch den Verbindungslehrer (SMV-Beauftragten) der Schule unterstützt.

Kannst du dir weitere sinnvolle „Gebote“ vorstellen? Setze die Liste fort.

3 Informiere dich im Internet über die Arbeit der Landesschülervertretung, Landesschülervereinigung deines Bundeslandes (Suchmaschine verwenden). Notiere Organisatorisches (Wahlen etc.) und wichtige Themen in Stichpunkten.

[1] Wenn in diesem Buch von Schülersprecher bzw. Schüler gesprochen wird, ist immer auch die Schülersprecherin bzw. Schülerin gemeint. Ebenso verhält es sich mit Lehrer und Lehrerin etc.

Jugendstadtrat

Der Jugendstadtrat Solingen (JSR) ist ein Jugendparlament, in dem sich Jugendliche zwischen 14 und 18 Jahren ehrenamtlich engagieren. Die Geschäftsstelle des Jugendstadtrates ist Teil der Jugendförderung, einer Abteilung des Jugendamtes der Stadt Solingen. Neben der Geschäftsstelle JSR gehören dieser Abteilung u. a. verschiedene Einrichtungen der offenen Kinder- und Jugendarbeit an, zum Beispiel das Spiel- und das Jugendmobil, der vorbeugende Jugendschutz und eine Notschlafstelle für Jugendliche in akuten Problemsituationen.

Der JSR ist ein Gremium von 21 Jugendlichen, die alle zwei Jahre neu von den Schülerinnen und Schülern an allen weiterführenden Schulen Solingens gewählt werden. Monatlich findet eine Jugendstadtratssitzung mit allen Mitgliedern statt. Zwischen den Sitzungen arbeiten die Jugendlichen in Projektgruppen zu verschiedenen Themen: von der Organisation verschiedener Partyangebote für unter 18-Jährige über die Installation einer Jobbörse zwischen Senioren und Jugendlichen bis hin zur Schaffung konkreter Angebote in – aus Sicht der Jugendlichen – benachteiligten Stadtteilen, die Palette an Aufgaben ist reichhaltig. Die Projektgruppen werden zu Beginn jeder Legislaturperiode von den Mitgliedern des JSR gewählt. Zusätzlich ist der JSR mit je ein bis zwei Personen in verschiedenen politischen Gremien der Stadt Solingen vertreten, wie z. B. Stadtjugendring, Jugendhilfeausschuss, Sportausschuss, Zuwanderer- und Integrationsausschuss oder bei Bedarf in Sitzungen der Bezirksvertretungen. Die bzw. der Vorsitzende des JSR wird von seinen Mitgliedern auf zwei Jahre gewählt und leitet die monatlichen Sitzungen. Weitere überwiegend repräsentative Aufgaben fallen natürlich auch an.

Während ihrer Amtszeit haben die Mitglieder des Jugendstadtrats die Möglichkeit, an verschiedenen Seminaren im In- und Ausland teilzunehmen und werden zusätzlich in Bereichen wie Rhetorik, Kommunikation und Kommunalpolitik geschult. Ein besonderes Profil des JSR Solingen entsteht dadurch, dass die Mitglieder allen Schulformen angehören.

1 Wer wählt die Mitglieder des Solinger Jugendstadtrates?

2 Ergänze. Die Mitglieder des Stadtjugendrates arbeiten in Projekten zu verschiedenen Themen, z. B. …

3 In welchen politischen Gremien der Stadt Solingen sind die Mitglieder des Jugendstadtrats vertreten?

4 Woraus ergibt sich das besondere Profil des JSR Solingen?

5 Überlege: Womit könnte sich ein Jugendstadt(gemeinde)rat in deiner Heimatstadt / Heimatgemeinde beschäftigen?

Jugend- und Auszubildendenvertretung

Die Jugend- und Auszubildendenvertretung (JAV) ist die Vertretung der Jugendlichen unter 18 Jahren und der zur Berufsausbildung Beschäftigten (Auszubildende, Praktikanten, Werkstudenten) unter 25 Jahren in einem Betrieb oder einer Behörde. Die Zuständigkeiten und Rechte der JAV sind im Betriebsverfassungsgesetz (BetrVG) festgeschrieben.

Überprüfe die folgenden Aussagen (richtig oder falsch) mithilfe der entsprechenden Paragrafen aus dem Betriebsverfassungsgesetz (s. S. 11). Falsche Aussagen sind zu korrigieren.

	richtig	falsch
In Betrieben mit in der Regel mindestens drei Arbeitnehmern, die das 18. Lebensjahr noch nicht vollendet haben (jugendliche Arbeitnehmer) oder die zu ihrer Berufsausbildung beschäftigt sind und das 25. Lebensjahr noch nicht vollendet haben, werden Jugend- und Auszubildendenvertretungen gewählt.	☐	☐
Zur Wahl der JAV sind alle Arbeitnehmer eines Betriebs berechtigt.	☐	☐
Die Jugend- und Auszubildendenvertretung besteht in einem Betrieb mit 25 jugendlichen Arbeitnehmern und Auszubildenden aus drei Mitgliedern.	☐	☐
Die Jugend- und Auszubildendenvertretung wird durch mündliche Abstimmung gewählt.	☐	☐
Die Jugend- und Auszubildendenvertretung kann zu allen Betriebsratssitzungen einen Vertreter entsenden.	☐	☐
Die Jugend- und Auszubildendenvertreter werden über Beschlüsse des Betriebsrats, die vor allem jugendliche Arbeitnehmer und Auszubildende betreffen, informiert.	☐	☐
In Betrieben, die in der Regel mehr als fünfzig jugendliche Arbeitnehmer und Auszubildende beschäftigen, kann die Jugend- und Auszubildendenvertretung Sprechstunden während der Arbeitszeit einrichten.	☐	☐
Die JAV hat darüber zu wachen, dass die zugunsten jugendlicher Arbeitnehmer und Auszubildender geltenden Gesetze, Verordnungen, Unfallverhütungsvorschriften, Tarifverträge und Betriebsvereinbarungen durchgeführt werden.	☐	☐

Auszug aus dem Betriebsverfassungsgesetz[1]

§ 60 BetrVG Errichtung und Aufgabe

(1) In Betrieben mit in der Regel mindestens fünf Arbeitnehmern, die das 18. Lebensjahr noch nicht vollendet haben (jugendliche Arbeitnehmer) oder die zu ihrer Berufsausbildung beschäftigt sind und das 25. Lebensjahr noch nicht vollendet haben, werden Jugend- und Auszubildendenvertretungen gewählt.

§ 61 BetrVG Wahlberechtigung und Wählbarkeit

(1) Wahlberechtigt sind alle in § 60 Abs. 1 genannten Arbeitnehmer des Betriebs.

(2) Wählbar sind alle Arbeitnehmer des Betriebs, die das 25. Lebensjahr noch nicht vollendet haben. (...)

§ 62 BetrVG Zahl der Jugend- und Auszubildendenvertreter, Zusammensetzung der Jugend- und Auszubildendenvertretung

(1) Die Jugend- und Auszubildendenvertretung besteht in Betrieben mit in der Regel
5 bis 20 der in § 60 Abs. 1 genannten Arbeitnehmer aus einer Person,
21 bis 50 der in § 60 Abs. 1 genannten Arbeitnehmer aus 3 Mitgliedern,
51 bis 150 der in § 60 Abs. 1 genannten Arbeitnehmer aus 5 Mitgliedern,
151 bis 300 der in § 60 Abs. 1 genannten Arbeitnehmer aus 7 Mitgliedern,
301 bis 500 der in § 60 Abs. 1 genannten Arbeitnehmer aus 9 Mitgliedern,
501 bis 700 der in § 60 Abs. 1 genannten Arbeitnehmer aus 11 Mitgliedern,
701 bis 1000 der in § 60 Abs. 1 genannten Arbeitnehmer aus 13 Mitgliedern,
mehr als 1000 der in § 60 Abs. 1 genannten Arbeitnehmer aus 15 Mitgliedern.

§ 63 BetrVG Wahlvorschriften

(1) Die Jugend- und Auszubildendenvertretung wird in geheimer und unmittelbarer Wahl gewählt.

§ 64 BetrVG Zeitpunkt der Wahlen und Amtszeit

(1) Die regelmäßigen Wahlen der Jugend- und Auszubildendenvertretung finden alle zwei Jahre in der Zeit vom 1. Oktober bis 30. November statt. (...)

§ 67 BetrVG Teilnahme an Betriebsratssitzungen

(1) Die Jugend- und Auszubildendenvertretung kann zu allen Betriebsratssitzungen einen Vertreter entsenden. Werden Angelegenheiten behandelt, die besonders die in § 60 Abs. 1 genannten Arbeitnehmer betreffen, so hat zu diesen Tagesordnungspunkten die gesamte Jugend- und Auszubildendenvertretung ein Teilnahmerecht.

(2) Die Jugend- und Auszubildendenvertreter haben Stimmrecht, soweit die zu fassenden Beschlüsse des Betriebsrats überwiegend die in § 60 Abs. 1 genannten Arbeitnehmer betreffen.

§ 69 BetrVG Sprechstunden

In Betrieben, die in der Regel mehr als fünfzig der in § 60 Abs. 1 genannten Arbeitnehmer beschäftigen, kann die Jugend- und Auszubildendenvertretung Sprechstunden während der Arbeitszeit einrichten. (...)

§ 70 BetrVG Allgemeine Aufgaben

(1) Die Jugend- und Auszubildendenvertretung hat folgende allgemeine Aufgaben:

1. Maßnahmen, die den in § 60 Abs. 1 genannten Arbeitnehmern dienen, insbesondere in Fragen der Berufsbildung und der Übernahme der zu ihrer Berufsausbildung Beschäftigten in ein Arbeitsverhältnis, beim Betriebsrat zu beantragen;
   1a. Maßnahmen zur Durchsetzung der tatsächlichen Gleichstellung der in § 60 Abs. 1 genannten Arbeitnehmer entsprechend § 80 Abs. 1 Nr. 2a und 2b beim Betriebsrat zu beantragen;
2. darüber zu wachen, dass die zugunsten der in § 60 Abs. 1 genannten Arbeitnehmer geltenden Gesetze, Verordnungen, Unfallverhütungsvorschriften, Tarifverträge und Betriebsvereinbarungen durchgeführt werden;
3. Anregungen von in § 60 Abs. 1 genannten Arbeitnehmern, insbesondere in Fragen der Berufsbildung, entgegenzunehmen und, falls sie berechtigt erscheinen, beim Betriebsrat auf eine Erledigung hinzuwirken. Die Jugend- und Auszubildendenvertretung hat die betroffenen in § 60 Abs. 1 genannten Arbeitnehmer über den Stand und das Ergebnis der Verhandlungen zu informieren;
4. die Integration ausländischer, in § 60 Abs. 1 genannter Arbeitnehmer im Betrieb zu fördern und entsprechende Maßnahmen beim Betriebsrat zu beantragen.

§ 71 BetrVG Jugend- und Auszubildendenversammlung

Die Jugend- und Auszubildendenvertretung kann vor oder nach jeder Betriebsversammlung im Einvernehmen mit dem Betriebsrat eine betriebliche Jugend- und Auszubildendenversammlung einberufen. (...)

[1] Die hier abgedruckten Paragrafen des BetrVG enthalten stets noch weitere Absätze, die hier nicht aufgeführt wurden.

Mitbestimmung im Betrieb

Ein Tag im Leben des Betriebsrates Herbert Kowalski

Herbert Kowalski ist einer von 9 Betriebsräten des Textilbetriebes „Schneider & Co“. Herr Kowalski wird im nächsten Monat 54 Jahre alt und ist seit 25 Jahren bei „Schneider & Co“ beschäftigt, davon 10 Jahre als „hauptamtlicher“ Betriebsrat. Hauptamtlich bedeutet, dass Herbert Kowalski, aufgrund der Größe des Textilbetriebs (305 Mitarbeiter) von seiner früheren Tätigkeit in der Färberei freigestellt wurde. Auf diese Weise hat er genügend Zeit, seinen Verpflichtungen als Betriebsrat nachzukommen.

8.30 Uhr: Eine Vertretung der Arbeiter, die im Bereich der Färberei und Spinnerei tätig sind, hat sich angekündigt. Die mittlerweile im Büro von Kowalski eingetroffenen Arbeiter sind durch die Pläne der Betriebsleitung, die Maschinenlaufzeiten und somit auch die Arbeitszeiten zu verändern, beunruhigt. Sie fordern Herbert Kowalski lautstark und vehement dazu auf, dass er und seine Kollegen vom Betriebsrat von ihrem Mitbestimmungsrecht, was die Gestaltung der Arbeitszeit betrifft, Gebrauch machen und den Plänen der Betriebsleitung entgegentreten. Kowalski versucht, die aufgebrachten Arbeiter zu beruhigen: „Natürlich werden ich und meine übrigen Kollegen vom Betriebsrat aufgrund unseres Mitbestimmungsrechtes in Angelegenheiten der Arbeitszeitgestaltung eure Interessen in dieser Sache gegenüber der Betriebsleitung vertreten.“ Allerdings gibt er zu bedenken: „Mit diesem Recht zur Mitbestimmung muss schon verantwortlich umgegangen werden. Die Verlängerung der Maschinenlaufzeiten und die Einführung einer Schichtarbeit am Wochenende könnten mithelfen, die wirtschaftliche Situation unseres Betriebs gegenüber der Konkurrenz zu stärken. Und wenn unser Betrieb schwarze Zahlen schreibt, können Arbeitsplätze gesichert und erhalten werden.“

9.30 Uhr: Frau Schmid, eine Büroangestellte der Betriebsverwaltung, klopft an Kowalskis Tür. Sie spricht die generelle Urlaubssperre zwischen Oktober und Weihnachten an. Stellvertretend für einige andere Kollegen möchte sie Kowalski bitten, „da Sie ja hinsichtlich Urlaubsgrundsätzen und Urlaubsplan als Betriebsrat mitreden und mitbestimmen können ...“, diese Sache mit der zuständigen Stelle der Betriebsleitung nochmals zu diskutieren.

13.45 Uhr: Endlich findet Betriebsrat Kowalski Zeit, seine Post zu erledigen. In der Ablage ist auch ein Schreiben des Chefs: „... der Mitarbeiter Scheibner fehlt in geradezu aufreizender Weise regelmäßig montags oder freitags sowie vor oder nach Feiertagen. Jeweils so kurz, dass keine Krankmeldung erforderlich ist: Seine Kollegen sind die Leidtragenden. Ich bitte Sie, Herr Kowalski, sich den Kadetten mal vorzunehmen, da ich dem durchsichtigen Spielchen nicht mehr länger tatenlos zusehen kann.“ „Na ja“, denkt sich Kowalski, „keine angenehme Sache, aber da ich auch für die Ordnung im Betrieb und das Verhalten der Arbeitnehmer zuständig bin, muss ich mit dem Kollegen Scheibner diese erhobenen Vorwürfe klären.“

15.15 Uhr: 1 ½ Stunden später erhält Herbert Kowalski noch vom Chef persönlich Besuch, der in einer dringlichen Angelegenheit mit ihm sprechen will: „Lieber Kowalski, um Ihrem Mitwirkungs-, also Informations- und Anhörungsrecht bei Kündigungen gerecht zu werden, möchte ich Sie über die Entlassung des Kollegen Müller in Kenntnis setzen.“ Grundsätzlich sieht auch Kowalski den Problemfall und dass die Kollegin an ihrem derzeitigen Arbeitsplatz untragbar ist. Für die Firma als Mitarbeiterin und für die Abteilung als Kollegin, aber eine Entlassung …? Allerdings ist Kowalski klar, dass er in dieser Angelegenheit nicht mitbestimmen oder mitentscheiden kann, da der Betriebsrat ja bloß ein Informations- und Anhörungsrecht bei Kündigungen hat. Und über die ganze Sache informiert hat ihn ja der Chef gerade.

Dennoch beschließt Kowalski in dieser Situation, in Absprache mit dem restlichen Betriebsrat sein Mitwirkungsrecht gegenüber der Betriebsleitung wahrzunehmen: „Zuhören müssen sie mir ja mal und vielleicht kann ich sie überzeugen, die Entlassung in eine probeweise Versetzung in eine andere Abteilung umzuwandeln.“

1 Markiere die Rechte und Zuständigkeiten des Betriebsrats mit zwei verschiedenen Farben.

2 Übertrage die Rechte und Zuständigkeiten eines Betriebsrats in Form einer Mindmap in dein Heft.

3 Wie glaubst du wird man Betriebsrat?

4 Wovon wird die Anzahl der Betriebsräte in einem Unternehmen abhängig sein?

5 Beantworte die folgenden Fragen mithilfe des Betriebsverfassungsgesetzes (BetrVG, Internet – Suchmaschine) und formuliere jeweils eine kurze Begründung!

a In einem Handwerksbetrieb sind 4 Arbeitnehmer im Alter von 22, 28, 38 und 46 Jahren beschäftigt. Hinzu kommt ein Auszubildender, der in Kürze 17 Jahre alt wird. Muss/darf in diesem Betrieb ein Betriebsrat gewählt werden? (vgl. §§ 1–10 BetrVG)

b Der Betriebsrat der XY-AG ruft wegen der geplanten Kündigung von 10 Arbeitnehmern die Belegschaft zu einem eintägigen Warnstreik auf. Ist dies zulässig? (vgl. §§ 74–80 BetrVG)

c Die Jugend- und Auszubildendenvertretung möchte zu allen Sitzungen des Betriebsrates einen Vertreter entsenden. Ist dies zulässig? (vgl. §§ 60–70 BetrVG)

Beteiligungsformen von Kindern und Jugendlichen

Repräsentative Beteiligungsformen sind Gremien mit gewählten oder delegierten (abgeordneten) Vertreterinnen und Vertretern unterschiedlicher Altersstufen. Hierzu gehören Jugendgemeinderäte, Jugendstadträte, Jugendbeiräte, Stadtteiljugendräte sowie Kinder- und Jugendparlamente. *Offene Beteiligungsformen* zeichnen sich durch freien Zugang für alle interessierten Kinder und Jugendlichen und die Möglichkeit zu spontaner Teilnahme aus. Dazu zählen Kinder- und Jugendforen, Jungbürgerversammlungen, Kinderkonferenzen. *Projektorientierte Beteiligungsformen* sind thematisch und zeitlich begrenzte Beteiligungsprojekte, die häufig mit kreativen Methoden arbeiten. Ein Großteil der Projekte ist im Bereich der Gestaltung von Spiel- und Freizeitflächen, (...) Schulhöfen etc. zu finden.

Vertretung von Kindern und Jugendlichen in Erwachsenengremien bietet Kindern und Jugendlichen innerhalb bestehender Planungsgruppen von Erwachsenen direkte Beteiligungsmöglichkeiten (zum Teil auch mit Stimmrecht), z. B. in Stadtteilarbeitskreisen, bei Runden Tischen oder Bürgerinitiativen.

Kontakte mit Politikern und Politikerinnen: In diese Kategorie fallen Angebote von politischen Mandatsträgern (Abgeordnete, auch Gemeinderäte) an Kinder und Jugendliche, direkt mit ihnen Kontakt aufzunehmen und ihre Anliegen vorzutragen. Zu diesem Zweck besuchen Politikerinnen und Politiker z. B. Schulen oder bieten Meckerbriefkästen, Sprechstunden und Rathausbesuche für Schulklassen an.

Aus: Bruner, Claudia Franziska/Winklhofer, Ursula/ Zinser, Claudia (1999): Beteiligung von Kindern und Jugendlichen in der Kommune. Ergebnisse einer bundesweiten Erhebung. Gefördert durch d. Bundesministerium für Familie, Senioren, Frauen und Jugend. München, S. 29 with kind permission of Springer Science + Business Media

1 Der folgende Text stellt verschiedene Beteiligungsformen von jungen Menschen in ihrer Heimatgemeinde vor. Übertrage die genannten Möglichkeiten in eine Mindmap.

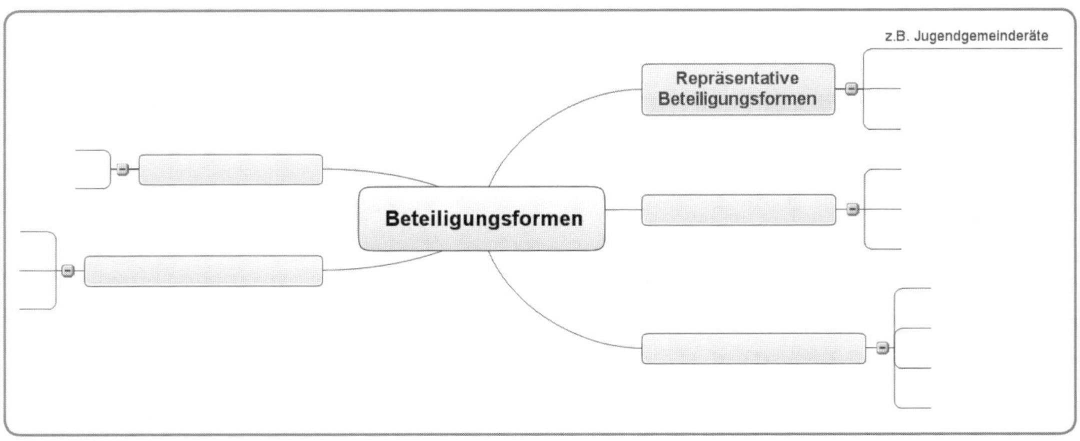

2 Erkundige dich in deiner Heimatgemeinde: Welche Beteiligungsformen gibt es hier?

Jugendliche Beteiligung – Pro und Kontra

In Schönenfeld diskutierten Hauptschüler während einer Projektwoche, ob und warum sich Jugendliche um Politik kümmern und sich einmischen sollen. Schülerinnen und Schüler der 9. Hauptschulklasse setzten sich mit der Frage auseinander: „Welche Chancen bietet die Kommunalpolitik Jugendlichen?“. Die Jungen und Mädchen sind mit 15 und 16 Jahren noch nicht wahlberechtigt. Sie beobachten dennoch aufmerksam die Entscheidungen von Gemeindeverwaltung und Gemeinderat sowie die Zukunftspläne der Kandidaten für die Wahl am 5. April, daran ließen sie in der zweistündigen Diskussionsrunde keinen Zweifel. Im Mittelpunkt des regen Meinungsaustauschs untereinander und mit den beiden Lehrkräften, Hanna Ortner und Thilo Krause, standen folgende Fragen: Warum sollte man sich als Jugendlicher im kommunalen Geschehen engagieren? Was spricht gegen kommunalpolitisches Engagement? Können Jugendliche unter 18. Jahren kommunalpolitische Entscheidungen entscheidend beeinflussen? Was würde ich als Jugendlicher tun, wenn ich Bürgermeister wäre? Pro und Kontra wurden dabei lebhaft diskutiert, die Meinungen waren sehr unterschiedlich. Sich in der Gemeinde zu engagieren, hielten einige für wichtig, um damit ihre Zugehörigkeit zur örtlichen Bevölkerung auszudrücken. Als Begründung, sich rauszuhalten, wurde vor allem die mangelnde Einflussmöglichkeit auf die Gemeindeverwaltung genannt. Außerdem, so hieß es, seien in der Gemeinde bereits ausreichend Engagierte vorhanden, denen man diese Aufgabe überlassen könne. Rege Zustimmung fand die Option, sich in den Jahren bis zur Wahlberechtigung in kommunalpolitische Entscheidungen einzumischen, indem man engen Kontakt zu den Entscheidungsträgern hält. Eifrig diskutiert wurde in der Schülerrunde der Wunsch nach einem Jugendgemeinderat, für den nach baden-württembergischen Kommunalwahlrecht Jugendliche ab dem 16. Lebensjahr kandidieren können. Bürgermeister Heinz Müller, der aus der Diskussion heraus telefonisch nach seiner Meinung zu einem solchen Jugendgremium befragt wurde, zeigte sich in dieser Frage prinzipiell offen, sofern es ernsthafte Bemühungen der örtlichen Vereine und von den Jugendlichen selbst geben würde, einen Jugendgemeinderat einzurichten. Es dürfte in dieser Angelegenheit nach der Wahl im April spannend werden. Unter dem Motto „Wenn ich Bürgermeister wäre“ formulierte die Schülerrunde noch weitere interessante Absichten von einer umfassenden Waldputzfete über die äußere Umgestaltung des Schulgebäudes bis hin zu mehr Jugendfestivitäten in Schönenfeld.

1 Ergänze. Jugendliche sollten sich im kommunalen Geschehen engagieren, …

2 Ein kommunalpolitisches Engagement lohnt sich nach Auffassung vieler Jugendlicher nicht, …

3 Nimm Stellung zu folgendem Zitat:
„Wer sich nicht mit Politik befasst, hat die politische Parteinahme, die er sich ersparen möchte, bereits vollzogen: er dient der herrschenden Partei.“
(Max Frisch, schweizerischer Architekt und Schriftsteller, gestorben 1991)

Bürgerinitiative

Warum gibt es Bürgerinitiativen?

Stellt euch vor, vor eurer Haustür soll eine riesige Fabrik gebaut werden, deren Schlote Tag und Nacht rauchen. Oder eine Wiederaufbereitungsanlage für atomare Abfälle. Oder eure Schule oder euer Sportplatz soll geschlossen werden.

Immer wieder werden Bürger mit Plänen konfrontiert, die ihre Lebensgrundlagen verschlechtern. Damit wollen sich viele Menschen nicht abfinden und schließen sich zusammen: Sie gründen eine Bürgerinitiative. Bürgerinitiativen versuchen über die Parteigrenzen hinweg, lokale Interessen geltend zu machen. Sie haben das Ziel, die geplanten Projekte zu stoppen oder wenigstens verträglicher zu gestalten. Deshalb sammelt eine Bürgerinitiative Unterschriften gegen das Projekt und organisiert oft auch Demonstrationen. Die Bürgerinitiative versucht, Politiker, Bürgermeister, Ministerpräsidenten, Zeitungen und Rundfunksender von ihren Ideen und Argumenten zu überzeugen. Als erste deutsche Bürgerinitiative gründeten 500 Menschen zum Schutz der Wälder 1947 die Schutzgemeinschaft Deutscher Wald. Ab den 70er-Jahren setzten sich Initiativen vor allem für die Umwelt ein.

1 Finde die folgenden (unvollständigen Sätze) aus dem oben abgedruckten Zeitungsartikel, markiere sie farbig und ergänze die fehlenden Buchstaben.

B__rg__r__n__t____t__v__n v__rs__ch__n __b__r d____ P__rt____gr__nz__n

h__nw__g, l__k__l__ __nt__r__ss__n g__lt__nd z__ m__ch__n.

S____ ha__en d____ Z____l, d____ g__pl__nt__n Pr__j__kt__ z__ st__pp__n

__d__r w__n__gst__ns v__rtr__gl__ch__r __u g__st__lt__n.

2 Mit welchen „Plänen“ können Bürger konfrontiert werden, die ihre Lebensgrundlagen verschlechtern? Nenne Beispiele aus dem Text.

3 Nenne die erste deutsche Bürgerinitiative.

4 In welchem Bereich werden Bürgerinitiativen besondes tätig?

5 Aktions- und Handlungsformen einer Bürgerinitiative sind z. B. ...

6 Wen sollen die Argumente einer Bürgerinitiative vor allem überzeugen? Begründe deine Antworten jeweils.

7 Nach den Ergebnissen der aktuellen Shell-Jugendstudie sind 66 Prozent der befragten Jugendlichen im Alter von 15–17 Jahren der Meinung: „Bürgerinitiativen sind bei Jugendlichen out“. Wie erklärst du dir dieses Umfrageergebnis? Könntest du dir vorstellen, dich an einer Bürgerinitiative zu beteiligen? Diskutiert innerhalb der Klasse.

Chronik der Demokratie

1 Stelle die chronologisch richtige Reihenfolge her, indem du die entsprechende Ziffer in die linke Spalte schreibst.

2 Schlage Fremdwörter und Fachbegriffe nach (Internetrecherche).

	a) **Frankreich 1789:** Die Französische Revolution wird mit ihrer Betonung der Menschen- und Bürgerrechte zum Vorbild für moderne Verfassungen.
	b) **Russland 1917:** Die Rätedemokratie will soziale Gerechtigkeit herstellen. Der Ansatz schlägt um in die absolute Herrschaft einer Oligarchie an der Spitze der kommunistischen Partei.
	c) **Europa ab 12. Jh.:** Das Bürgertum setzt mit dem Aufschwung der Städte die Selbstverwaltung durch. Im 14. Jh. erlangen z. T. auch Zünfte Mitspracherechte.
	d) **Schweiz ab 1291:** Die drei Urkantone Uri, Schwyz und Unterwalden bestehen aus bäuerlichen Gemeinden, die über eine eigene, gewählte Gerichtsbarkeit verfügen.
	e) **Osteuropa 1989:** Mit der Revolution in Osteuropa und dem Untergang der sozialistischen Regime siegt die westliche Vorstellung einer pluralistischen parlamentarischen Demokratie.
	f) **England 17. Jh.:** Mit der Revolution wird England das Geburtsland der modernen Demokratie. Die „Bill of Rights" (1689) begründet die Herrschaft des Parlaments.
	g) **Athen 4. Jh. v. Chr:** Nur selbstständige Männer sind Staatsbürger (ca. 10 % der Bevölkerung) und dürfen an Wahlen und Abstimmungen teilnehmen.
	h) **Griechenland 3. Jh. v. Chr.:** Aristoteles stellt in klassischer Dreiteilung die Herrschaft des Volkes der Monarchie / Tyrannis und der Aristokratie/Oligarchie gegenüber.
	i) **Europa 1848:** Revolutionswelle mit dem Ziel des allgemeinen Wahlrechts. Die Erfolge bleiben gering.
	j) **Genf 1541:** Calvin verbreitet den Gedanken von der Gleichheit aller Menschen als „Kinder Gottes". Er betont die Unabhängigkeit von Kirche und Staat.
	k) **Mitteleuropa 1525:** Im Bauernkrieg fordern die „12 Artikel" der Schwaben die Pfarrerwahl, eine Autonomie der Gemeinden und das Ende der Leibeigenschaft.
	l) **USA 1776:** Die Unabhängigkeitserklärung beruft sich auf die Menschenrechte. Die US-Verfassung (1787) basiert auf der Idee der Gewaltenteilung nach Montesquieu.
	m) **Europa 20. Jh.:** Liberale demokratische Vorstellungen setzen sich auf breiter Front durch. Allgemeines und gleiches Wahlrecht für Frauen und Männer.
	n) **Europa 17./18. Jh.:** Aufklärung mit dem Ziel, den Bürger aus „seiner selbst verschuldeten Unmündigkeit" (Kant 1784) zu befreien. Hauptforderungen sind Toleranz und Meinungsfreiheit (Voltaire).

Nach: Harenberg Kompaktlexikon (1996). Dortmund
Chronik der Demokratie

E-Democracy

Das Internet wird wahlentscheidend

Das Internet wird nach Ansicht vieler Wähler entscheidenden Einfluss auf den Ausgang der Bundestagswahl (...) haben. Das hat eine repräsentative Umfrage ergeben, die der Hightech-Verband BITKOM von dem Meinungsforschungsinstitut Forsa durchführen ließ. Demnach sagen 44 Prozent der wahlberechtigten Bundesbürger, dass eine Partei ohne den Einsatz des Internets heute keine Wahl mehr gewinnen kann. „Das Internet wird zum zentralen Medium für die Kommunikation zwischen Politik und Bürgern", sagte BITKOM-Präsident Prof. Dr. August-Wilhelm Scheer bei der Vorstellung der Studie in Berlin. So ist für die jüngeren Wähler das Internet schon heute das Informationsmedium Nummer eins für politische Themen. Drei Viertel der 18- bis 29-Jährigen informieren sich im Web über Politik. Das Fernsehen nutzen 61 Prozent, persönliche Gespräche 56 Prozent und Tageszeitungen 54 Prozent. In der Gesamtbevölkerung steht dagegen das Internet bislang noch an fünfter Stelle, nach Fernsehen, Tageszeitungen, Radio und persönlichen Gesprächen. Wer sich im Internet über Politik informiert, besucht am liebsten die Nachrichtenseiten der klassischen Medien. 81 Prozent der politisch interessierten Internetnutzer informieren sich bei den Online-Angeboten von Zeitungen, Magazinen oder TV-Sendern. Jeder Dritte nutzt die Webseiten der politischen Parteien. In der Gruppe der 18- bis 29-Jährigen sind es schon 55 Prozent. Stark im Kommen sind soziale Online-Netzwerke. Mehr als jeder fünfte Bundesbürger informiert sich bei Facebook, Xing, Youtube oder StudiVZ zu politischen Themen. Bei den 18- bis 29-Jährigen sind es 28 Prozent. 22 Prozent der Jüngeren nutzen Diskussionsforen und Online-Tagebücher, sogenannte Blogs. Sie zeigen damit ein besonders starkes politisches Interesse. Scheer: „Blogs und soziale Online-Netzwerke werden für die politische Kultur immer wichtiger, weil sie eine direkte Interaktion zwischen Bürgern und Politikern ermöglichen."

Aus: http://www.bitkom.org/de/themen/57545_60749.aspx Download am: 10.04.2010

1 Suche die folgenden unvollständigen Aussagen in obigem Text und markiere sie mit Farbe.

a D_s _nt_rn_t w_rd z_m z_ntr_l_n M_d__m f_r d__ K_mm_n_k_t__n zw_sch_n P_l_t_k _nd B_rg_rn.

b S_ _st f_r d__ j_ng_r_n W_hl_r d_s _nt_rn_t sch_n h__t_ d_s _nf_rm_t__nsm_d__m N_mm_r __ns f_r p_l_t_sch_ Th_m_n.

c St_rk _m K_mm_n s_nd s_z__l_ _nl_n_-N_tzw_rk_.

d Bl_gs _nd s_z__l_ _nl_n_-N_tzw_rk_ w_rd_n f_r d__ p_l_t_sch_ K_lt_r _mm_r w_cht_g_r, w__l s__ __n_ d_r_kt_ _nt_r_kt__n zw_sch_n B_rg_rn _nd P_l_t_k_rn _rm_gl_ch_n.

2 Wie informierst du dich über Nachrichten und politische Themen. Diskutiert innerhalb der Klasse.

Online-Wahlen – Pro- und Kontra-Diskussion

Text 1: Die Chancen der Internet-Wahlen

Die politische Wahrnehmung unseres Themas ist gemeinhin so: Konventionelle (im herkömmlichen Sinn) Wahlen gelten als sicher, Internet-Wahlen hingegen als bedenklich. Dabei ist es eher umgekehrt: Herkömmliche Wahlen sind leicht angreifbar und funktionieren weniger durch Verfahren als durch Idealismus, Loyalität und Gesetzestreue der Wähler und Wahlhelfer. Schwachpunkt Nummer eins: die Briefwahl. Sie ist unsicher und leicht fälschbar. Internet-Wahlen hingegen sind nahezu unangreifbar. Sie sind so konzipiert, dass Angriffe in heutigen Zeit- und Mittelrelationen sinnlos sind. Ihre Sicherheit beruht auf nachprüfbaren Verfahren. Die Mittel der modernen Kryptologie (Verschlüsselung) reichen zusammen mit einer auf Gewaltenteilung beruhenden Wahlinfrastruktur aus, um den Anforderungen einer freien, gleichen und geheimen Wahl zu genügen. Voraussetzung ist natürlich, die Technologien werden auf hohem Niveau eingesetzt, was Verschlüsselungstiefe, Serversicherheit, Verfügbarkeit und Betriebssysteme betrifft.

Eine solide konzipierte und programmierte Internet-Wahl ist manuellen Verfahren in erster Linie aber nicht sicherheitstechnisch überlegen. Sie ist eine Revolution der Wahlabwicklung: Das Internet macht die ganze Welt zum Wahllokal. Der Bedienungskomfort steigt: Wähler und Wählerinnen, insbesondere ältere, wie Studien zeigen, können problemlos damit umgehen – selbst beim Panaschieren und Kumulieren. Unbeabsichtigte Fehler unterbleiben, mit Absicht ungültig wählen ist möglich. Drastisch verändert sich die Wahlorganisation: Ein Vollsystem mit Online-Plattform für die Wahlvor- und nachbereitung nimmt Wahlvorständen bis auf die Eingabe der Rahmendaten alle Arbeiten komplett ab. Die Auszählung der Stimmen und die Berechnung von Listenplätzen geschieht auf Knopfdruck fehlerfrei. Und: Ab einer bestimmten Menge kostet alles weniger als einen Euro pro Wahlberechtigtem – also nur noch Bruchteile dessen, was zum Beispiel die Briefwahl kostet.

Text 2: Die Risiken der Internet-Wahlen

Das Internet hat die Kommunikation revolutioniert und ist aus dem Alltag unserer Gesellschaft nicht mehr wegzudenken. Dennoch rate ich derzeit davon ab, den Bürgern bei Bundestags- oder Europawahlen die Möglichkeit zu geben, ihre Stimmen online abzugeben. Der Grundsatz der allgemeinen Wahl würde durchbrochen, weil ein großer Teil der Wahlberechtigten in Deutschland auf nicht absehbare Zeit keinen Zugang zum Internet hat oder diese Technik aus den verschiedensten Gründen nicht beherrscht. Das Bundesverfassungsgericht hat außerdem die mit der Briefwahl verbundene Gefährdung der geheimen und freien Stimmabgabe nur unter engen Voraussetzungen hingenommen. Nach dieser Rechtsprechung dürfte eine Internet-Wahl deshalb nicht neben der herkömmlichen Briefwahl, sondern nur als Alternative zur Briefwahl zulässig sein. Die Gefahr nachhaltiger Störungen einer Internet Wahl am Wahltag und einer damit verbundenen tatsächlichen Vereitelung der Stimmabgabe von vielen Wahlberechtigten ist beträchtlich. Denn Internetverbindungen bleiben – nach dem Stand der Technik – trotz aller Sicherheitsvorkehrungen störanfällig und können, zum Beispiel durch gezielte Überlastungen, für Stunden blockiert werden. Bei einer Internet-Wahl würden Stimmabgabe und Ermittlung des Wahlergebnisses in einem Umfang intransparent und der öffentlichen Kontrolle durch die Wahlberechtigten entzogen, der das Vertrauen der Wählerschaft in die Ordnungsmäßigkeit des Wahlaktes untergräbt. Deshalb müssten die nicht auszuschließenden Sicherheitsrisiken bei den digitalen Internetprozessen durch transparente, dem „normalen" Wahlberechtigten verständliche und nachvollziehbare Kontrollmechanismen ausgeglichen werden – vergleichbar dem einfachen Augenschein bei der Beobachtung der Stimmenauszählung im Wahllokal. Solche Kontrollmechanismen sehe ich aber noch nicht.

1 Markiere die Argumente für bzw. gegen eine Internet-Wahl mit zwei verschiedenen Farben.

2 Übertrage die einzelnen Argumente in eine Tabelle mit zwei Spalten (Pro und Kontra).

3 Wie würdest du entscheiden? Diskutiert in der Klasse die Möglichkeiten und Grenzen einer Online-Wahl.

Demokratie in Bildern

1

2
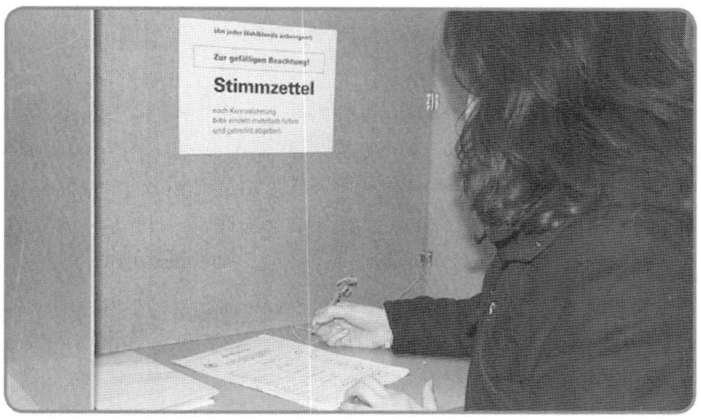

3

4

5

6

Ergänze den Lückentext, die Bilder helfen dir dabei.

In einer Demokratie ist das (1) ________ oberster Souverän und oberste Legitimation politischen Handelns. Das bedeutet in der Regel jedoch nicht, dass das Volk unmittelbar die Herrschaft ausübt. Vielmehr sind es die (6) ________, die in modernen Massendemokratien, die Bürgerinteressen aufgreifen und in den politschen Entscheidungsprozess, z. B. im (3) ________, einbringen. Durch (2) ________ wird der politische Wille des Volkes zum Ausdruck gebracht. Der demokratische Verfassungsstaat garantiert eine Vielzahl an Grund- und Bürgerrechten, wie z. B. das Recht auf freie Meinungsäußerung und (4) ________. Diese Rechte sind darüber hinaus vor dem (5) ________ einklagbar und gelten insbesondere gegenüber den staatlichen Gewalten.

Demokratieformen

Vervollständige das Schaubild mithilfe der Informationen aus dem Sachtext.

In der unmittelbaren bzw. direkten Demokratie nimmt das Volk unmittelbar und unvertretbar durch Abstimmungen über Sachfragen am Staatsgeschehen teil. Die direkte Demokratie in Reinform, bei der alle politischen Entscheidungen vom Volk getroffen werden, kann es aus praktischen Gründen im modernen Staat nicht geben. Das ausgeprägteste direktdemokratische System besteht in der Schweiz. Dort hat das Volk auf allen Ebenen direktdemokratische Mitspracherechte.
In Repräsentativdemokratien, wie dem parlamentarischen und präsidentiellen Regierungssystem, übt das Volk die Herrschaft nicht direkt aus, sondern es überträgt sie auf Organe, die im Namen des Volkes die Regierungsgeschäfte wahrnehmen. Großbritannien gilt als das Ursprungsland des parlamentarischen Regierungssystems. Hier ist der Präsident nur Staatsoberhaupt. Er wird, je nach Staat, durch die Legislative (das Parlament) oder direkt durch das Volk gewählt und hat hauptsächlich repräsentative Funktionen. Die eigentliche Führung der Exekutive (Regierung) ist die Aufgabe eines, je nach Land, Premierminister, Ministerpräsident, Bundeskanzler, Regierungspräsident oder ähnlich genannten Regierungschefs, dessen Regierung vom Vertrauen des Parlaments abhängig ist. Die meisten westeuropäischen Staaten gehören einer solchen politischen Ordnungsform an, während die Vereinigten Staaten von Amerika dem Modell eines Präsidialsystems entsprechen.
Der Präsident vereinigt hier die Funktion des Staatsoberhaupts und die des Regierungschefs. Er besitzt große Machtbefugnisse. Der Präsident wird dann meist direkt vom Volk gewählt, was seine starke Position legitimiert.
Typische präsidentielle Regierungssysteme sind die der USA, Südafrikas und der meisten lateinamerikanischen Staaten.

Aus: http://de.wikipedia.org/wiki/Demokratie Download am: 10.04.2010

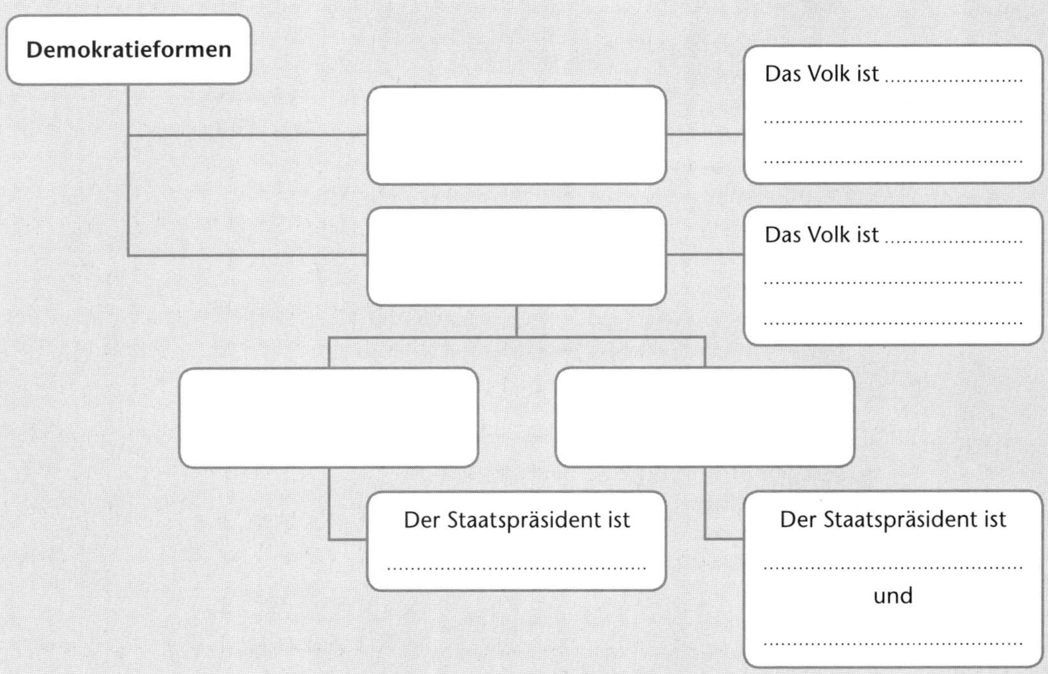

Mehrheitsprinzip

Demokratische Herrschaft beruht nicht auf Unterwerfung, sondern auf Auftrag. Die Regierenden werden durch die Regierten ins Amt gebracht, sie sind rechenschaftspflichtig und haben ihre Autorität durch die am Auftrag zu messende und im Rahmen der allgemein verbindlichen Normen zu erbringende Leistung auszuweisen. Kennzeichnend für die demokratische Verfahrensweise sind der Kompromiss und die ihm zugrundeliegenden Prämissen – der Kompromiss, der von sich aus friedensfördernd ist, weil er zur Abschleifung gegensätzlicher und unversöhnlicher Positionen führt. Auftragserteilung in der allgemeinen Wahl durch Mehrheitsentscheidung bedeutet, dass sich die Minderheit nur deswegen und nur unter der Voraussetzung einordnet, dass die jeweilige Mehrheit nicht berechtigt ist, der Minderheit die Chance zu nehmen, selbst Mehrheit zu werden. Folglich muss Willensbildung auf den Prinzipien legitimer Vielfalt und nicht diskriminierender Konkurrenz beruhen; sie muss auch kontroversen und oppositionellen Meinungen die Wettbewerbs- und Mitwirkungschance gewährleisten, was sich im Fortbestand öffentlicher Kritik- und Meinungsfreiheit sowie in der Garantie politisch wichtiger Grundrechtsbereiche ausdrückt. Die Legitimität der Mehrheitsentscheidung folgt also nicht aus sich selbst, sondern aus der vorausgesetzten politischen Gleichberechtigung aller Staatsbürger.

Aus: Heinrich Oberreuter: Wahrheit statt Mehrheit? © Olzog Verlag GmbH, München (www.olzog.de)

1 Ergänze den folgenden Satz mit Textpassagen.

Voraussetzungen für das Mehrheitsprinzip sind

die Chance der jeweiligen Minderheit, ...,

sowie die Garantie wichtiger politischer ....

2 Erkläre die folgenden Aussagen zur Problematik des Mehrheitsprinzips. Versuche dir vorzustellen, was wäre, wenn die folgenden Grundsätze in einer Gesellschaft keine Geltung besitzen würden.

(...) Die Mehrheit darf keineswegs über alles und nach Belieben entscheiden. Der Verfahrenskonsens erfordert eine Verständigung darüber, auf welche Entscheidungsbereiche das Mehrheitsprinzip überhaupt Anwendung finden kann und auf welche nicht. (...) Vor allem aber dürfen aktuelle Mehrheiten ihre einmal erreichte politische Überlegenheit nicht festschreiben, etwa indem sie für zukünftige Entscheidungen das Mehrheitsprinzip selbst suspendieren oder aber durch Manipulation der Wettbewerbschancen es der Minderheit von heute über Gebühr erschweren, die Mehrheit von morgen zu werden. (...) Eng verbunden mit dem Erfordernis der strukturellen Offenheit des Verfahrens ist die Grundvoraussetzung der Korrigierbarkeit bzw. Revidierbarkeit von Entscheidungen durch neue Mehrheiten.

Aus: Bernd Guggenberger/Claus Offe: An den Grenzen der Mehrheitsdemokratie, Opladen 1984 with kind permission of Springer Science + Business Media

Demokratie in Zitaten

Ordne die folgenden Prinzipien eines modernen demokratischen Staates den Zitaten zu. Notiere dein Ergebnis auf der Linie unten (z. B. 1 b etc.). Begründe deine Auswahl.

1. **Garantie der Grundrechte**
2. **Partizipation, Teilhabe**
3. **Mehrheitsprinzip**
4. **Pluralismus**
5. **Kontrolle der Regierung durch wirksame Opposition**
6. **Gesellschaftlicher Grundkonsens**
7. **Wahlen**

a)	Stimmzettel – ein Dolch aus Papier. *(Lloyd George)*
b)	Demokratie lebt vom Streit, von der Diskussion um den richtigen Weg. Deshalb gehört zu ihr der Respekt vor der Meinung des anderen. *(Richard von Weizsäcker)*
c)	Die Frage, wer herrschen soll, ist falsch gestellt. Es genügt, wenn eine schlechte Regierung abgewählt werden kann. Das ist Demokratie. *(Karl Popper)*
d)	Ideal wäre ein Staat, in dem jeder alle Freiheiten hätte, ausgenommen die Freiheit, in die Freiheit der anderen einzugreifen. *(Bertrand Russell)*
e)	Die Presse muss die Freiheit haben, alles zu sagen, damit gewissen Leuten die Freiheit genommen wird, alles zu tun. *(Terrenoire)*
f)	Politik ist wie Theater. Und Aufgabe der Opposition ist es, die Regierung abzuschminken, während die Vorstellung noch läuft. *(Jacques Chirac)*
g)	In der Diktatur sind wenige schuld. In der Demokratie alle. *(Werner Mitsch)*
h)	Das beste Regierungssystem besteht darin, dass eine Regierung regiert und die andere aufpasst. *(Thomas Brackett Reed)*
i)	Die Demokratie darf nicht so weit gehen, dass in der Familie darüber abgestimmt wird, wer der Vater ist. *(Willy Brandt)*
j)	Demokratie ist ein Verfahren, das garantiert, dass wir nicht besser regiert werden, als wir es verdienen. *(George Bernhard Shaw)*
k)	Demokratie: Die Notwendigkeit, sich gelegentlich den Ansichten anderer Leute zu beugen. *(Winston Spencer Churchill)*

....

Scherbengericht und Sieg der Demokratie

Für das Zusammenleben in einem Staat sind bestimmte Regelungen (Gesetze) notwendig. Wer die Macht im Staat besitzt, entscheidet darüber. Die Herrschaft in einem Staat kann von einem, von wenigen oder von allen ausgeübt werden. Alle diese Regierungsformen traten in der Entwicklung der griechischen Stadtstaaten auf. Zuerst herrschten Könige, dann eine Gruppe von Adeligen. Erst später setzte sich die Volksherrschaft durch.

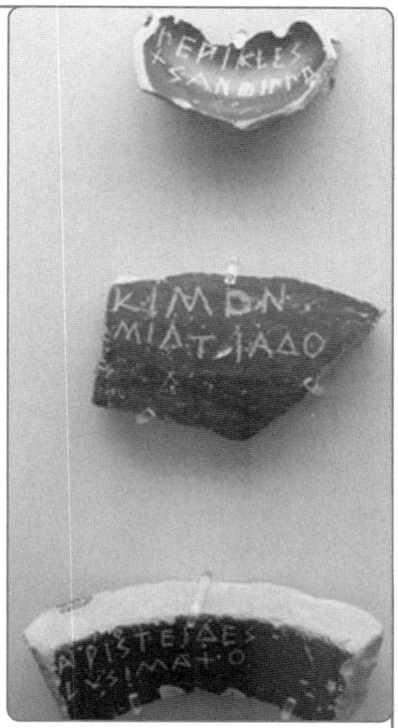

Dumpf dröhnen die Gongs von der Höhe der Akropolis[1]. Klangsteine und Eisenbecken auf dem Marktplatz der Stadt geben vom Tal her Antwort. Die hölzernen und aus grobem Stein errichteten Tempel auf dem Felsen des Burgberges leeren sich. Die Besucher eilen über die Prozessionsstraße bergabwärts. Durch die Lücke, die der Areopag[2] freigibt, sieht man auf das Töpferviertel und den großen Markt. Auch dort gibt es langgestreckte Säulenhallen, große Gebäude und Tempel. Aufgeregt rennt das Volk in seinen weißen Gewändern durcheinander. Athen ist zur Volksversammlung aufgerufen. Zur Pnyx[3] strebt nun alles. Der Platz ist eine schräg abfallende Fläche vor einer halbrunden Felswand gegenüber von Akropolis und Marktplatz. Hier oben entscheidet das athenische Volk über seine Zukunft. Jener Peisistratos, der einst Homers[4] Gesänge hat aufschreiben lassen, war ein „guter Tyrann" gewesen. Aber ob gut oder böse: Ein Diktator war er eben doch! Das bedeutete, dass er allein bestimmte, was in der Stadt Athen zu geschehen hatte. Kein Bürger hatte etwas zu sagen. Die Macht lag bei der schwer bewaffneten Polizei und bei den Soldaten, die Peisistratos bezahlte. Schon die Söhne des Peisistratos waren keine „guten Tyrannen" mehr. Sie missbrauchten die Macht so lange, bis sich das Volk gegen sie erhob. Der eine wurde ermordet, der andere floh zu den Persern. Anführer des Aufstandes war der ehrliche und kluge Kleisthenes gewesen. Er führte dann eine andere Regierungsform ein, die er „Demokratie" nannte, weil *demos* (das Volk) *kratein* (regieren) sollte. Nicht die Großgrundbesitzer oder Geldleute, nicht der Adel oder die vornehmen Familien allein sollten herrschen, sondern die Gesamtheit der freien Bürger. Eine Versammlung freier Männer würde über alle wichtigen Fragen abstimmen und die hohen Beamten der Stadt jeweils für ein Jahr wählen. Kam es wieder einmal zu schwerwiegenden Meinungsverschiedenheiten zwischen den Führern zweier Parteien, so sollte die Volksversammlung darüber entscheiden, welcher der beiden Streithähne die Stadt verlassen müsse. Dieser Fall ist nun eingetreten. Athen schwankt zwischen den beiden Politikern Aristides und Themistokles. Der erste will das Landheer Athens verstärken und nichts in Wirtschaft und Gesellschaft ändern. Doch der zweite sagt: Wenn wir bestehen wollen, müssen wir aufs Meer hinaus, eine Kriegsflotte bauen und eine Welthandels-

[1] Die Akropolis ist die auf dem höchstgelegenen Teil einer griechischen Stadt gelegene Festung.
[2] Der Areopag ist ein nordwestlich der Akropolis gelegener, 115 Meter hoher Felsen mitten in Athen. In der Antike tagte hier der oberste Rat, der gleichfalls „Areopag" genannt wurde.
[3] Die Pnyx ist ein Hügel in Athen, westlich der Akropolis gelegen und Ort der Volksversammlung.
[4] Griechischer Dichter in der Antike

stadt werden. Über diese Fragen soll nun das athenische Volk urteilen. Deshalb setzt sich jung und alt zur Pnyx in Bewegung. Kreon, der Töpfer, flucht nicht schlecht, als ihm die Nachbarn zurufen, er möge zur Volksversammlung kommen. Er hat viel Arbeit, eilige Aufträge, und es passt ihm gar nicht, Zeit zu versäumen. Aber ein städtischer Beamter, der vor seiner Werkstatt erscheint, klärt ihn auf, dass Wahlrecht auch Wahlpflicht bedeutet. Es gibt noch mehr Leute, die sich vor Volksversammlung und Politik drücken wollen. Deshalb schickt der Hohe Rat Athens die Polizisten aus. Je zwei dieser Männer gehen dicht an den Hauswänden eine Gasse entlang. Zwischen sich halten sie einen Strick gespannt, der mit rotem Pulver eingestäubt ist. Es gibt für die Fußgänger keinen Ausweg! Entweder müssen sie vor dem Strick herlaufen und werden so direkt zur Pnyx getrieben, oder sie versuchen, über das Seil zu springen. Dann schnellen die Polizisten den Strick hoch, und die Unwilligen bekommen rote Striche auf ihre weißen Kleider. Weiter hinten aber kommen andere Polizisten und kassieren von jedem, der rot gezeichnet ist, eine Geldstrafe. So kommen die Töpfer, Silberschmiede, Lederarbeiter und Bäcker aus ihren Werkstätten. Die Maurer verlassen die Baustellen, die Händler sperren ihre Buden ab und gehen. Aus den vornehmen Villen am Stadtrand rollen die Zweigespanne der reichen Herren und streben dem Felsrund der Volksversammlung zu. Dort oben am Hügel sind unterdessen die aufragenden Felsen, ja selbst Zypressen und Pinien von Buben und Mädchen besetzt. Nicht stimmberechtigte Fremde, Frauen, Sklaven und Jugendliche umstehen in dichten Reihen den Platz. Schon hat ein Ratsmitglied die Versammlung eröffnet. Jeder der beiden Parteiführer darf dem Volk seine Meinung darstellen. Erst redet Aristides, dann steigt Themistokles auf die in Stein gehauene Tribüne und spricht. Am Ende diskutiert die Versammlung und schreit und lärmt durcheinander. Wieder ertönt ein dumpfer Gong und es wird still. Der Versammlungsleiter ruft zur Abstimmung auf. Städtische Sklaven haben von der Töpferstadt ganze Karrenladungen von rotbraunen Scherben herbeigeschafft, die nun unter die stimmberechtigten Männer verteilt werden. Wer dafür ist, dass Aristides aus der Stadt verbannt wird, muss ein A auf die Scherbe kritzeln. Wer gegen Themistokles stimmen will, zeichnet ein Th. Eine Weile ist es ruhiger, weil alle dabei sind, die „Ostrakoi" (Scherben) zu beschriften. Trotzdem flammen immer wieder Streitgespräche auf. Dann kommen die Stadtknechte mit Körben und sammeln die Scherben ein. Der Rat selber zählt sie aus. Unter tiefem Schweigen der Versammlung wird das Ergebnis verkündet: Aristides wird von mehr als sechstausend Stimmen verbannt. Themistokles und die moderne Partei haben gesiegt. Athen wird endgültig aufs Meer gehen, die Flotte vergrößern und Seemacht werden.

1 Welche Form der Demokratie wird hier beschrieben? Begründe deine Antwort.

2 Stelle die Vorteile, Nachteile und Gefahren dieser Demokratieform einander gegenüber.

3 Ergänze. Diese Form der Demokratie könnte in unserer Gesellschaft nicht umgesetzt werden, weil …

4 Die Demokratie der Antike ist keine „Volksherrschaft" nach unserem modernen Verständnis. Weshalb? Suche nach Begründungen im Text.

5 Wie versucht der hohe Rat Athens, möglichst viele Bürger zur Teilnahme an der Volksversammlung zu bewegen?

Rechtsstaatliche Grundsätze – Frage-Antwort-Puzzle

Übertrage die Fragen mit der jeweils richtigen Antwort in dein Heft.

(1) Wonach muss im deutschen Rechtsstaat alles staatliche Handeln ausgerichtet sein?

(a) Legislative, Exekutive, Judikative.

(b) Sie sind unabhängig und nur den Gesetzen unterworfen.

(c) Der Rechtsstaat gewährt dem Bürger den sogenannten Rechtsweg, um Streitfragen klären zu lassen.

(3) Wie werden im Rechtsstaat Konflikte gelöst?

(2) Wie ist im Rechtsstaat die Staatsgewalt unterteilt?

(d) Im Rechtsstaat ist die mehrfache Bestrafung wegen derselben Tat ausgeschlossen.

(5) Welche Stellung besitzen die Richter im deutschen Rechtsstaat?

(4) Welchem Grundsatz muss die Strafverfolgung im deutschen Rechtsstaat folgen?

(6) Welches Gericht kann bei der Verletzung von Grundrechten angerufen werden?

(f) Bei Verletzung von Grundrechten kann Klage vor dem Bundesverfassungsgericht erhoben werden.

(e) Die Gesetze und alles staatliche Handeln sind im Rechtsstaat an die Grundrechte gebunden.

Ich bin für mich – Der Wahlkampf der Tiere

Alle vier Jahre wählten die Tiere einen König. Der Löwe liebte die Wahlen, denn die Tiere stimmten immer für ihn. Er stellte sich auf einen Hügel und fragte: „Wer ist für mich?", und alle Tiere riefen: „Wir sind für dich!" Danach gab es Freibier und Bockwurst.

Einmal aber war es anders. „Was nützt eine Wahl, wenn man keine Wahl hat?", fragte die kleine graue Maus, „du brauchst einen Gegenkandidaten, sonst macht das doch überhaupt keinen Sinn!"

Der Löwe stellte sich der Herausforderin und ließ ein Plakat von sich malen. Er war sehr stolz auf sein Plakat, denn die Löwin hatte ihn gut getroffen. Aber auch die kleine Maus hatte ein Plakat gemalt …

Als die anderen Tiere das riesige Mausplakat sahen, wollten sie mitspielen. Deshalb schickte jede Art einen Kandidaten in die Wahlversammlung. Dort hatte jeder eine Stimme, um den neuen König zu wählen. Die kleine graue Maus war die Kandidatin der Nagetiere und hielt eine bewegende Rede.

„Katzen dürfen keine Mäuse fressen!", rief sie und alle Mäuse applaudierten. „Wenn ich Königin bin, werden wir die Katzen fressen."

Gleich nach ihr sprach ein vornehmer Kater: „Wenn ich König bin, werden Mäuse zur Grundnahrung. Es gibt sie zum Frühstück, zu Mittag und zum Abendbrot, es gibt sie als Suppe, es gibt sie gebraten und frittiert. Wählt mich und ihr habt immer frisches Mäusefleisch."

Eine Ameise forderte: „Mehr Arbeit für alle. 20 Stunden am Tag sind nicht genug!" Danach streckte sie die Arme in die Luft und machte das Zeichen des Sieges.

„Meine Wolle gehört mir!", rief das Schaf, so laut es konnte. „Wenn ich Königin bin, stricken wir die Pullover selber."

Der Karpfen hatte ein paar gute Ideen für einen Stausee, der den Tieren in den Zeiten der Dürre immer genügend Wasser verschaffen würde. Aber niemand konnte ihn verstehen und alle dachten, er blubbere nur wirres Zeug.

Der Vogel Strauß sprach stundenlang über einen Flughafen, den er bauen wollte, mit Geschäften und Parkhäusern, 4 Landebahnen und einer unterirdischen Zugverbindung. Als ihn jemand fragte, wer das bezahlen solle, steckte er seinen Kopf in den Sand.

Der Schäferhund war für Recht und Ordnung und wollte alles und jeden an die Leine legen.

Ferdi der Stier verkündete das Paradies, in dem alle gleich waren, dasselbe aßen, dasselbe anzogen, dieselben Lieder sangen und sich immer nur lieb hatten.

Der Fuchs war für Länder ohne Grenzen. Dabei zwinkerte er besonders den Gänsen zu.

Nur der Wal interessierte sich nicht für die Wahl und schwamm wieder nach Hause.

Nachdem alle Reden gehalten waren, kam es zur Abstimmung.

Die Abstimmung war geheim, denn niemand wollte zeigen, für wen er war:

Am Abend zählte der Maulwurf die Stimmen und verkündete das Ergebnis: „Jeder Kandidat hat eine Stimme bekommen. Keine Stimme für den Löwen, eine Enthaltung."

Damit war der Löwe abgewählt! Er hatte als Einziger nicht für sich selbst gestimmt. Traurig beschloss er, sich ein neues Volk zu suchen.

Seine ehemaligen Untertanen aber jubelten. Nun hatten alle ihren Lieblingskönig. Die neuen Herrscher begannen sofort, ihre Versprechen in die Tat umzusetzen:

Der Fuchs jagte die Gänse, die Katzen fraßen die Mäuse, die Mäuse verjagten die Katzen, die Schafe verteidigten ihre Wolle, der Stier kämpfte für den Frieden, der Schäferhund legte den Karpfen an die Leine und der Vogel Strauß hatte seinen Kopf schon wieder in den Sand vergraben, wo er auf den Maulwurf traf, der sich wegen des ganzen Durcheinanders noch tiefer in den Untergrund gewühlt hatte.

Zwei Wochen lang herrschte großes Chaos. Kein Gesetz galt mehr, alle taten nur, was ihnen gerade einfiel. Es war schauerlich. Der Löwe saß auf einem hohen Berg und schüttelte den Kopf. Plötzlich stand die kleine Maus vor ihm und fragte: „So, und was machen wir jetzt?" Der Löwe blickte zur Seite: „Wir?"

Die Maus seufzte: „Na komm schon, alter Zausel! Was hätte denn der alte König gemacht?"

Da nahm der König die kleine Maus auf die Pfote und sie gingen den Hügel hinunter zu den anderen. Der alte König holte tief Luft und brüllte:

„Neuwahlen!"

Die Tiere erschraken und sahen sich an. Völlig erledigt vom Kratzen und Beißen hatten sie keine Lust mehr, König zu spielen, und taten, was der Löwe ihnen geraten hatte.

Und weil sich diesmal nur ein **einziger Kandidat** zur Wahl stellte, war es auch ganz einfach!

Aus: Martin Baltscheit/Christine Schwarz: Ich bin für mich – Der Wahlkampf der Tiere © 2005 Bajazzo Verlag, Zürich

1 Nenne Gründe, weshalb der Karpfen die Wahl letztlich für sich entscheidet. Vergleiche hierzu die verschiedenen Wahlprogramme der Tier. Worin unterscheiden sich die Programme der einzelnen Tiere vom Wahlprogramm des Karpfens?

2 Beschreibe den Zustand, der sich nach der ersten durchgeführten Wahl einstellt.

3 Inwiefern wird das folgende Zitat durch den „Wahlkampf der Tiere" bestätigt? Diskutiert in der Klasse.

„Eine freiheitliche Demokratie funktioniert auf die Dauer nur, wenn sie keine bloße Summe von Privatwesen, sondern auch ein Gemeinwesen ist, wenn wir durch sie und in ihr zusammenhalten."

(Richard Freiherr von Weizsäcker, deutscher Politiker (CDU), ehemaliger Bundespräsident der Bundesrepublik Deutschland)

Verfassungsorgane der Bundesrepublik Deutschland

1 Überlege dir zu den folgenden 12 Antworten passende W-Fragen, die auf das folgende Schaubild Bezug nehmen.

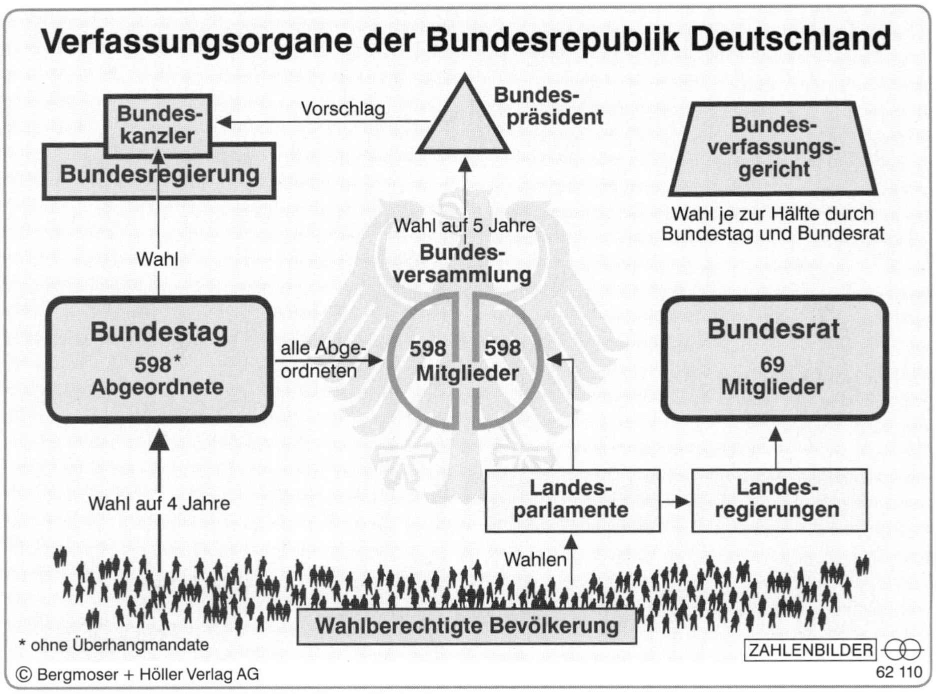

1. **Antwort:** Fünf Jahre

....

2. **Antwort:** Zur Hälfte durch Bundestag und Bundesrat

....

3. **Antwort:** 69 Mitglieder

....

4. **Antwort:** Die Landesregierungen

....

5. **Antwort:** Die Bundesversammlung

....

6. **Antwort:** Vier Jahre

....

7. **Antwort:** Die Abgeordneten des Bundestags

....

8. **Antwort:** Der Bundespräsident

....

9. **Antwort:** Den Bundeskanzler/Die Bundeskanzlerin

....

10. **Antwort:** Die Abgeordneten des Bundestags, Vertreter der Länder

....

11. **Antwort:** Die wahlberechtigte Bevölkerung

....

12. **Antwort:** Die wahlberechtigte Bevölkerung

....

2 Was gehört zusammen? Bilde jeweils die richtigen Paare.

Deutscher Bundestag | Exekutive | Bundesregierung | Legislative | Bundesverfassungsgericht | Judiaktive |

3 Informiere dich über die Aufgaben und Struktur des Bundesrats (Internetrecherche). Welcher Staatsgewalt ordnest du den Bundesrat zu? Begründe deine Antwort.

4 Zur Bundesregierung, dem Kabinett, gehören neben dem Bundeskanzler/der Bundeskanzlerin auch die 15 Bundesminister. Ermittle (Internetrecherche), wer derzeit welchem Ressort (z. B. Finanzen, Verteidigung, …) vorsteht. Halte die Ergebnisse in deinem Heft in Form einer Tabelle mit folgender Struktur fest.

Ressort	Person	Partei
Finanzen	…	…

5 Mitunter werden die oben beschriebenen Staatsorgane mit den Organen des menschlichen Körpers verglichen. Kannst du dir vorstellen weshalb?

Aufgaben und Funktionen des Deutschen Bundestags

Der Bundestag wird vom ______ gewählt und ist der Ort, an dem unterschiedliche Auffassungen über den richtigen politischen Weg formuliert und diskutiert werden. Die wichtigsten Aufgaben des Bundestages sind die ______ und die ______ der Regierungsarbeit. Die Abgeordneten entscheiden auch über den ______ und die Einsätze der Bundeswehr im ______. Eine weitere wichtige Aufgabe des Bundestages ist die ______ der Bundeskanzlerin oder des Bundeskanzlers. Die Gesetzgebung ist in Deutschland Aufgabe der Parlamente. Der Bundestag ist somit das wichtigste Organ der ______ im Bund. Da die Länder im föderalen Staatssystem Deutschlands einen wesentlichen Anteil an der Staatsgewalt haben, ist auch die ______ (Bundesrat) am Gesetzgebungsverfahren beteiligt. Darüber hinaus ist der Bundestag an weiteren staatlichen Aufgaben beteiligt. Eine davon obliegt dem Präsidenten des Deutschen Bundestages: Nach Paragraf 19 des Parteiengesetzes muss er jährlich zum 15. Februar die Höhe der staatlichen Mittel festlegen, die den ______ zufließen, die darauf einen Anspruch haben. Ebenso sind alle Bundestagsabgeordneten zugleich Mitglied der ______, die alle fünf Jahre zusammentritt, um den Bundespräsidenten zu wählen. Die Bundesversammlung setzt sich zur Hälfte aus den Bundestagsabgeordneten und zur Hälfte aus Mitgliedern zusammen, die von den ______ ernannt werden. Eine dritte Aufgabe des Bundestages besteht darin, sich an der Wahl der 16 Richter des ______ zu beteiligen. Die Richter werden je zur Hälfte vom Bundestag und vom Bundesrat gewählt. Der Bundestag hat zur Wahl der Richter einen Wahlausschuss eingerichtet, der von den Fraktionen paritätisch (zu gleichen Teilen) besetzt wird.

1 Setze die folgenden Begriffe richtig in den Lückentext ein.

Legislative | Landesparlamenten | Bundeshaushalt | Ausland | Bundesverfassungsgerichts | Gesetzgebung | Kontrolle | Volk | Bundesversammlung | Länderkammer | Wahl | Parteien

2 Versuche, die folgende Aussage des Bundestagspräsidenten Norbert Lammert zu erklären.
„Das Parlament ist im Übrigen nicht Vollzugsorgan der Bundesregierung, sondern umgekehrt ist Auftraggeber."

Die Organisation des Bundestages und der Abgeordneten

Überprüfe mithilfe des folgenden Infotexts bzw. der folgenden Infografik die Aussagen zum Deutschen Bundestag am Ende des Arbeitsblatts. Falsche Antworten sind entsprechend zu korrigieren.

Fraktionen

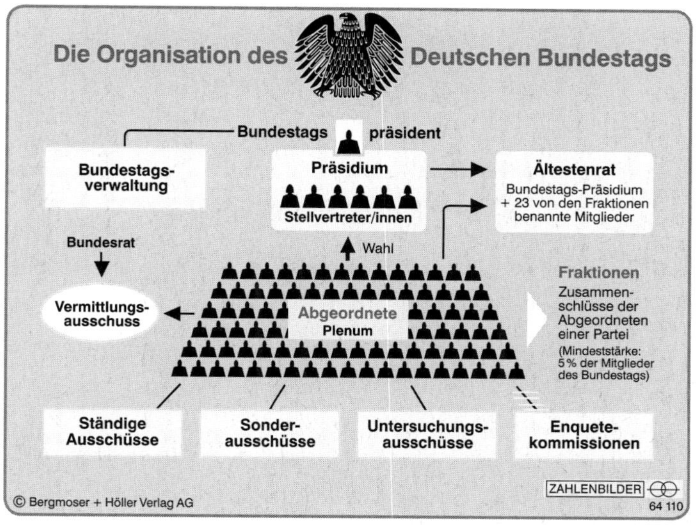

Die meisten Abgeordneten des Bundestages sind Mitglied einer Fraktion. Eine Fraktion wird in der Regel von Abgeordneten der gleichen Partei gebildet. Ein Sonderfall ist die CDU/CSU-Fraktion: Da die CDU überall außer in Bayern und die CSU nur dort antritt, stehen die beiden Parteien in keinem Wettbewerb zueinander und haben auch gemeinsame Ziele – aus diesem Grund dürfen die Abgeordneten dieser beiden Parteien eine gemeinsame Fraktion bilden. Eine Gruppe ist ein Zusammenschluss von Parlamentariern der gleichen Partei, die aber zu klein ist, um eine Fraktion zu bilden: Zur Gründung einer Fraktion bedarf es einer Anzahl von Mitgliedern, die mindestens fünf Prozent der Gesamtzahl der Mitglieder des Bundestages enthält; eine Gruppe benötigt nur fünf Abgeordnete. Dementsprechend haben Gruppen im Bundestag weniger Rechte als eine Fraktion; sie haben beispielsweise keinen Anspruch darauf, aus ihrer Mitte einen Bundestagsvizepräsidenten zu stellen.

Präsidium

Das Bundestagspräsidium besteht aus dem Bundestagspräsidenten und seinen Stellvertretern. Der Bundestagspräsident hat das Hausrecht und die Polizeigewalt im Bundestag. Auch trifft er die wichtigsten Personalentscheidungen in der Bundestagsverwaltung. Formal werden alle Anschreiben von anderen Verfassungsorganen und auch Gesetzentwürfe aus dem Bundestag an ihn gerichtet.

Ältestenrat

Obwohl dem Ältestenrat keineswegs die an Lebens- oder Dienstjahren ältesten Mitglieder des Hauses angehören müssen, so sind die Mitglieder des Ältestenrates stets erfahrene Parlamentarier. Dies liegt daran, dass dieses dem Präsidium zur Seite stehende Gremium eine außerordentlich wichtige Rolle für den Ablauf der Plenarsitzung spielt. Zu seinen Aufgaben gehört die Festlegung, welches Thema wann und wie lange in der Tagesordnung vorgesehen ist. Auch den grundlegenden Plan der Sitzungswochen verabschiedet der Ältestenrat.

Ausschüsse

Zu jedem wichtigen Fachgebiet existiert ein Ausschuss des Bundestages. Die Ausschüsse bestehen aus 15 bis 42 Mitgliedern und sind spiegelbildlich zur Zusammensetzung der Fraktionen im Plenum verteilt. Die Ausschussmitglieder werden von den Fraktionen bestimmt. Die Ausschüsse bereiten in ihren nicht öffentlichen Sitzungen Gesetzentwürfe vor, beziehungsweise besprechen sie im Detail. Sie können aber auch öffentliche „Hearings" veranstalten und sich auf diese Weise die Meinung von außerparlamentarischen Experten über grundlegende Fragen anhören.

Enquete-Kommissionen

Zur Diskussion wichtiger und fachübergreifender gesellschaftlicher Entwicklungen kann der Bundestag Enquete-Kommissionen einrichten, die den Umgang des Gesetzgebers mit diesen neuen Strömungen vorbereiten sollen.

	richtig	falsch
Eine Fraktion wird aus Abgeordneten verschiedener Parteien gebildet.	☐	☐
Zur Gründung einer Fraktion bedarf es einer Anzahl von fünf Abgeordneten.	☐	☐
Gruppen und Fraktionen besitzen grundsätzliche die gleichen Rechte im Bundestag.	☐	☐
Das Bundestagspräsidium besteht aus dem Bundestagspräsidenten und seinen Stellvertretern.	☐	☐
Der Ältestenrat setzt sich aus den an Lebens- oder Dienstjahren ältesten Mitgliedern des Bundestags zusammen.	☐	☐
Zu den Aufgaben der Ausschüsse gehört es, Gesetzesentwürfe vorzubereiten.	☐	☐
Enquete-Kommissionen beraten den Bundestag zu wichtigen gesellschaftlichen Entwicklungen.	☐	☐
Die Ausschussmitglieder werden vom Bundestagspräsidenten bestimmt.	☐	☐
Die Ausschüsse sind spiegelbildlich zur Zusammensetzung der Fraktionen im Plenum besetzt.	☐	☐
Die meisten Abgeordneten des Bundestages sind Mitglied einer Fraktion.	☐	☐
Eine Gruppe benötigt mindestens fünf Prozent der Gesamtzahl der Abgeordneten des Deutschen Bundestags.	☐	☐

Parlamentarische Demokratie – Gewaltenverschränkung

Das Recht zur Gesetzesinitiative (Einbringen von Gesetzesvorschlägen) besitzen, im politischen System der BRD, der Deutsche Bundestag, die Bundesregierung sowie der Bundesrat. Die folgende Tabelle zeigt, wie oft die verschiedenen Staatsorgane von diesem Recht Gebrauch machten.

Gesamtzahl der eingebrachten Gesetzesvorhaben (16. Wahlperiode), davon ...	970
Regierungsvorlagen	539
Gesetzesanträge von Ländern	167
Initiativen des Bundestages	13

1 Bereite die Daten grafisch auf (Säulendiagramm).

2 Welchem Staatsorgan kommt im eigentlichen Sinne die Aufgabe der Gesetzgebung zu? Was fällt dir an den obigen Zahlen auf?

3 Wird durch diese „Gewaltenverschränkung" gegen den demokratischen Grundsatz der Gewaltenteilung verstoßen? Lies den folgenden Text und versuche zu erklären, weshalb ein Mindestmaß von „Gewaltenverschränkung" zwischen den verschiedenen Staatsorganen kaum vermeidbar ist.

(...) Häufig wird Gewaltenteilung missverstanden als die Forderung nach einer völligen Trennung der einzelnen Gewalten. Dabei wird verkannt, dass Gewaltenteilung nur dadurch funktionieren kann, dass die einzelnen Organe ein Eingriffsrecht in die anderen Zweige besitzen müssen, um effektiv ihre Kontrollfunktion ausüben zu können. Präziser wird hier manchmal von Gewaltenverschränkung gesprochen. Ein typisches Beispiel für diese Art der Gewaltenverschränkung ist das im deutschen Grundgesetz niedergelegte konstruktive Misstrauensvotum, mit dem eine Mehrheit des Bundestags, also die Legislative, den Bundeskanzler, die Exekutive, abberufen kann. Überdies haben die Gerichte das Recht, Akte der Verwaltung zu überprüfen, das Bundesverfassungsgericht auch Legislativakte. In wenigen Fällen erlangen Urteile des Bundesverfassungsgerichts legislativen Rang, weswegen hier auch von Superlegislative gesprochen wird. Beispiele dafür sind die sogenannten Rundfunkurteile des Bundesverfassungsgerichts. Das Parlament wählt darüber hinaus auch den Bundeskanzler/die Bundeskanzlerin und ist an der Wahl des Bundespräsidenten beteiligt.

4 Welche weiteren Beispiele für die „Verschränkung" von Staatsgewalten werden im Text genannt?

5 Who is who? Ordne die drei Staatsgewalten den Figuren richtig zu.

Gang der Gesetzgebung

Ergänze die Lücken im Text mithilfe der folgenden Grafik und der Wörter auf dem Notizzettel.

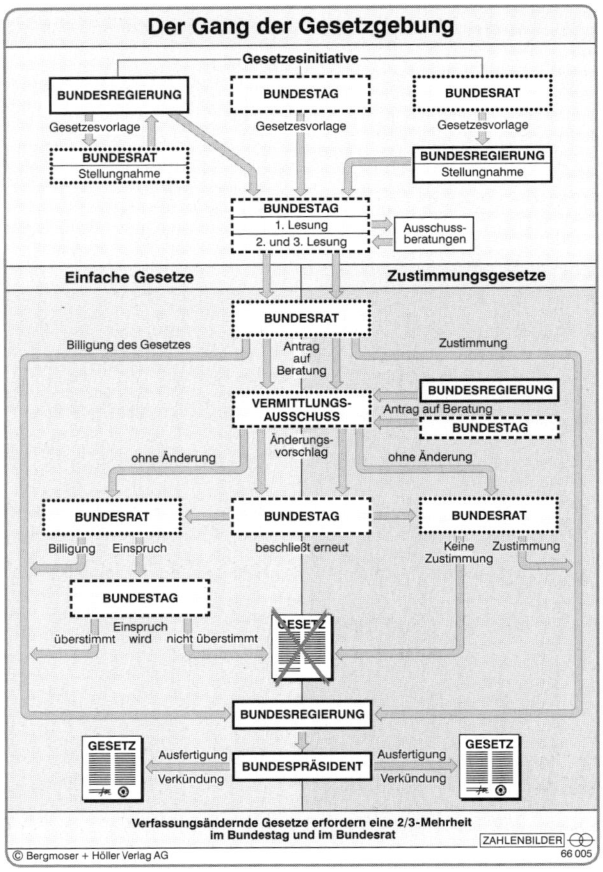

Das Gesetzgebungsverfahren wird mit der Einbringung eines Gesetzentwurfes beim Bundestag eingeleitet. Das Recht, Gesetzesvorlagen einzubringen, haben die ________, der ________ und der ________. Gesetzesvorlagen der Bundesregierung müssen zunächst dem ________ zugeleitet werden, der binnen sechs Wochen dazu Stellung nehmen kann. Erst dann reicht die Regierung ihre Vorlage beim Bundestag ein. Gesetzesvorlagen des Bundesrats gehen zunächst der ________ zu, die sie innerhalb von drei Monaten, zugleich mit einer Darlegung ihrer Auffassung dazu, an den Bundestag weiterleiten muss. Aus der Mitte des Bundestags unmittelbar eingebrachte Vorlagen müssen von einer ________ oder mindestens ________ Prozent der Abgeordneten unterzeichnet sein. Im Bundestag müssen die Gesetzentwürfe in drei ________ beraten werden. Nach Abschluss der ersten Beratung wird der Entwurf in der Regel an den zuständigen ________ überwiesen. Durch den Beschluss des Bundestags wird die Gesetzesvorlage zum Gesetz erhoben. Es kann allerdings noch scheitern, wenn der ________ seine Zustimmung verweigert oder Einspruch gegen den Gesetzesbeschluss einlegt. Das Gesetzgebungsverfahren im Bundesrat beginnt mit der Zustellung des vom Bundestag beschlossenen Gesetzes. Handelt es sich um ein verfassungsänderndes Gesetz oder um ein Gesetz, das die bundesstaatliche Ordnung berührt und in besonderem Maße in die Interessen der Länder eingreift, wird es als ein ________ nur wirksam, wenn es im Bundesrat die erforderliche Stimmenmehrheit erhält. Gegen alle nicht zustimmungsbedürftigen, sogenannten ________ Gesetze kann der Bundesrat nur Einspruch einlegen. Lehnt der Bundesrat ein vom Bundestag beschlossenes Gesetz ganz oder in Teilen ab, kann er innerhalb von drei Wochen nach Eingang des Gesetzesbeschlusses die Einberufung des ________ verlangen. Ein vom Bundestag beschlossenes Gesetz kommt somit nur zustande, wenn der ________ dem Gesetzesbeschluss zustimmt, den ________ nicht einberuft und keinen Einspruch einlegt. Hat ein Gesetz den Bundestag und den Bundesrat passiert, wird es vom zuständigen Minister und vom Bundeskanzler unterzeichnet und dem ________ zur Ausfertigung zugeleitet. Mit der Ausfertigung wird bestätigt, dass das Gesetz ordnungsgemäß zustande gekommen ist. Ist im Gesetz kein anderer Termin genannt, tritt es 14 Tage nach der Verkündung im ________ in Kraft.

fünf | Bundesgesetzblatt | Bundesrat | Bundesregierung | Bundesrat | zustimmungspflichtiges Gesetz | Bundestag | Bundesrat | Bundesregierung | Bundesrat | Lesungen | Fraktion | Vermittlungsausschusses | Ausschuss | einfachen | Bundespräsidenten | Vermittlungsausschuss |

„Kanzlerdemokratie"

Der Begriff Kanzlerdemokratie (...) bringt zum Ausdruck, dass die demokratische Ordnung des Grundgesetzes ihr politisches Zentrum im Bundeskanzler als Regierungschef hat (Kanzlerprinzip). (...) Es war der erklärte Wille der Schöpfer des Grundgesetzes, labile Regierungen wie zur Weimarer Zeit mitsamt ihrer schnellen Absetzbarkeit nach Möglichkeit zu verhindern. Der Bundestag wird hingegen durch die Grundgesetzbestimmungen als Wahlorgan des Bundeskanzlers in die Pflicht genommen. (...) Zwar hat sich die heutige Dominanz des Bundeskanzlers im deutschen Regierungssystem erst durch die politische Praxis (...) ausgeprägt, doch die verfassungsrechtlichen Voraussetzungen einer Kanzlerdemokratie sind bereits im Grundgesetz gelegt (Art. 62–68). (...) Die eigentliche Basis für die Machtstellung des Bundeskanzlers liegt in der politischen Umsetzung seiner verfassungsrechtlichen Richtlinienkompetenz. Art 65 GG legt fest: „Der Bundeskanzler bestimmt die Richtlinien der Politik und trägt dafür die Verantwortung." (...) Seine Minister sind gehalten, sich den Richtlinien seiner Regierungspolitik zu fügen.

Aus: Kurt Sontheimer / Wilhelm Bleek / Andrea Gawrich: Grundzüge des politischen Systems Deutschland © 1971, 2007 Piper Verlag GmbH, München

1 Ergänze den Satz mithilfe der Informationen aus obigem Text.
Kanzlerdemokratie ist ein politisch-journalistisches Schlagwort, durch welches zum Ausdruck gebracht werden soll, dass der Bundeskanzler / die Bundeskanzlerin ...

2 In welcher Rechtsquelle findet sich die Grundlage für die hervorgehobene Stellung des Kanzlers / der Kanzlerin?

3 Der Online-Redaktion von „hanisauland.de – Politik für dich" wurde von Anna, 15 Jahre, folgende Frage zur Kanzlerdemokratie gestellt:

anna, 15
Welche Vor- und Nachteile hat die Kanzlerdemokratie?

Antwort der Redaktion:
Hallo anna, sorry, dass es etwas gedauert hat – du bist mit deiner Frage genau in die Osterzeit in Hanisauland hineingerutscht, und dass wir da naturgemäß viel zu tun haben, brauchen wir hier wohl nicht weiter erklären ... Aber jetzt zu deiner Frage: In einer Kanzlerdemokratie hat der Kanzler oder die Kanzlerin eine besondere Stellung und kann bestimmte Entscheidungen stärker beeinflussen als andere Politiker. Dafür muss er / sie dann auch die Verantwortung übernehmen. Er oder sie wird als einziges Mitglied der Bundesregierung vom Bundestag gewählt, was die besondere Stellung noch einmal hervorhebt. Allerdings kann das auch zu Problemen führen, denn dadurch ist der Kanzler oder die Kanzlerin besonders abhängig von den anderen Politikern in der Partei, denn er oder sie möchte ja die Stimmen der einzelnen Mitglieder behalten.

Versuche, die Antwort der Redaktion mit eigenen Worten wiederzugeben.
(Vorzüge der Kanzlerdemokratie, Schwierigkeiten für den Kanzler / die Kanzlerin)

Parteiendemokratie

1 Standpunkte der Parteien – Ordne jeweils richtig zu.

1. CDU/CSU
FRAKTION IM DEUTSCHEN BUNDESTAG

2. SPD

3. FDP
Die Liberalen

4. BÜNDNIS 90
DIE GRÜNEN

5. DIE LINKE.

a) Konzept einer ökologischen Marktwirtschaft, für einen gesetzlichen Mindestlohn, gegen Laufzeitverlängerungen von Atomkraftwerken, Energie aus erneuerbaren Quellen, Umwelt- und Klimaschutz, Volksentscheide, Gleichberechtigung

b) Markt statt Staat, Freiheit vor Sicherheit und Gleichheit, einfacheres Steuersystem, gegen gesetzliche Mindestlöhne, Laufzeiten für „sichere" Atomkraftwerke verlängern, Eigenverantwortung eines jeden Bürgers, gegen eine Ausweitung des betrieblichen Kündigungsschutzes

c) Umfassende sozialstaatliche Sicherung der Bürger, Regulierung der Marktwirtschaft durch rechtliche und sozialpolitische Maßnahmen, Einführung eines gesetzlichen Mindestlohns, doppelte Staatsbürgerschaft für Zuwanderer, Stromerzeugung durch erneuerbare Energien, gegen den Einsatz der Bundeswehr zur Gefahrenabwehr im Inneren, soziale Gerechtigkeit und Solidarität

d) Prinzip der sozialen Marktwirtschaft, Eigenfürsorge vor Staatseingriffen, Auslandseinsätze der Bundeswehr, gegen Mindestlöhne, Laufzeitverlängerung für „sichere" Atomkraftwerke, Einsatz der Bundeswehr im Inneren, konservatives, christlich-soziales Parteiprofil, keine doppelte Staatsbürgerschaft für Immigranten, Senkung der Lohnnebenkosten

e) Auflösung der NATO, Abzug deutscher Truppen aus dem Ausland, Abschaffung von Hartz IV, gesetzlicher Mindestlohn in existenzsichernder Höhe, Arbeitszeitverkürzungen ohne Einkommensverlust, gebührenfreie Kindertagesstätten, Vermögensumverteilung von oben nach unten, Verstaatlichung der Energieversorger, Förderung alternativer Energiequellen

Parteiendemokratie

Nach dem Gesetz über die politischen Parteien (Parteiengesetz) sind Parteien wie folgt definiert:

Begriff der Partei

Parteien sind Vereinigungen von ____________, die dauernd oder für längere Zeit für den Bereich des Bundes oder eines Landes auf die politische ____________ Einfluss nehmen und an der Vertretung des Volkes im Deutschen ____________ oder einem Landtag mitwirken wollen, wenn sie nach dem Gesamtbild der tatsächlichen Verhältnisse, insbesondere nach Umfang und Festigkeit ihrer ____________, nach der Zahl ihrer ____________ und nach ihrem Hervortreten in der ____________ eine ausreichende Gewähr für die Ernsthaftigkeit dieser Zielsetzung bieten.

2 Setze die folgenden Begriffe richtig in den Lückentext ein.

Organisation | Mitglieder | Willensbildung | Bundestag | Bürgern | Öffentlichkeit

3 Ergänze die folgenden Sätze, die Aufgaben der Parteien im politischen System der Bundesrepublik Deutschland beinhalten.

Hinweis: Die Lösungsbegriffe müssen von rechts nach links gelesen werden!

a Rekrutierung und Ausbildung von (lanosreP) ....

b Aufstellung von (netadidnaK) .... bei Wahlen zur Besetzung politischer Ämter

c Formulierung und (gnulednüB) .... der Interessen und Meinungen der Mitglieder und Wähler

d Verbindung zwischen (taatS) .... und Bürger

e Entwicklung politischer (emmargorP) .... für einen längeren Zeitraum

4 (…) von einem Parteivorsitzenden wird gesagt: *„Er will die ‚Ossis' mit den ‚Wessis' zusammenführen, die national Denkenden mit den Euroregionalisten. Seine Partei will er für die Arbeiterschaft ebenso attraktiv machen wie für die Mittelschichten, für die Unternehmer wie für die ‚kleinen Leute', für die Provinz wie für die Großstädte."*

Auf einen Begriff gebracht: Dieser Vorsitzende möchte seine Partei zu einer **?**partei machen. Er will, dass sie möglichst viele **?** integriert.

5 Nimm zur folgenden Aussage Stellung: *„**Party is organized opinion.**"* (Partei ist organisierte Meinung)

6 Ergänze die folgende Tabelle (Internetrecherche).

Politische Partei	Vorsitzender (Bund)	Mitglieder-zahl	Abkürzung
Christlich-Demokratische Union	…	…	…
Christlich-Soziale Union			
Freie Demokratische Partei			
Die LINKE.			
Bündnis '90/Die Grünen			
Sozialdemokratische Partei Deutschlands			

Die folgende Grafik zeigt die Mitgliederentwicklung der wichtigsten politischen Parteien in Deutschland.

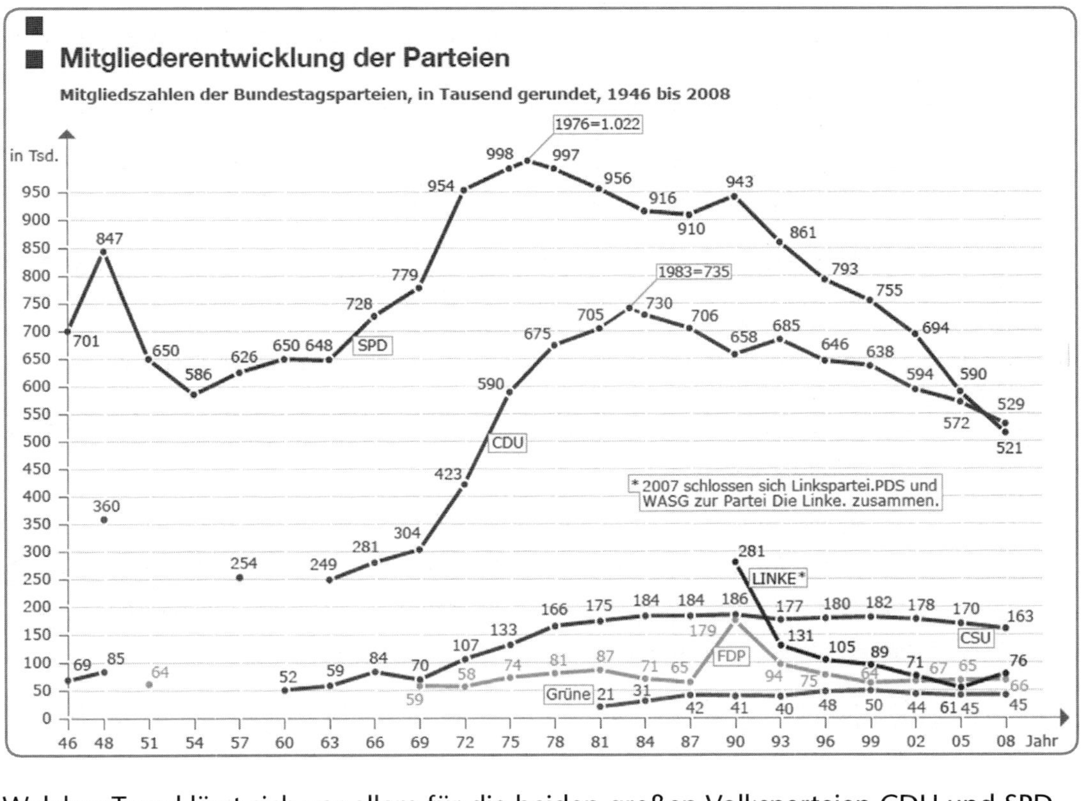

7 Welcher Trend lässt sich vor allem für die beiden großen Volksparteien CDU und SPD erkennen? Welche Gründe könnte es hierfür geben?

Streitbare (wehrhafte) Demokratie

„Wir gehen in den Reichstag hinein, um uns im Waffenarsenal der Demokratie mit deren eigenen Waffen zu versorgen. Wir werden Reichstagsabgeordnete, um die Weimarer Gesinnung mit ihrer eigenen Unterstützung lahmzulegen. Wenn die Demokratie so dumm ist, uns für diesen Bärendienst Freikarten und Diäten zu geben, so ist das ihre eigene Sache. Uns ist jedes gesetzliche Mittel recht, den Zustand von heute zu revolutionieren. […] Wir kommen als Feinde. Wie der Wolf in die Schafherde einbricht, so kommen wir." (Zeitung „Der Angriff", 30. April 1928, S. 1 f.)

So äußerte sich Hitlers Propagandaminister Josef Goebbels im Jahr 1928. Heutzutage erscheint ein Auslöschen der freiheitlich demokratischen Grundordnung auf legalem Wege kaum möglich. Der moderne demokratische Staat beinhaltet eine Reihe von verfassungsrechtlich geschützten Mechanismen zur Abwehr von Feinden der Demokratie:

- Eine Verwirkung bestimmter Grundrechte kann durch das Bundesverfassungsgericht ausgesprochen werden (Art. 18 GG).
- Grundrechte können nicht mehr aufgehoben werden; allerdings können bestimmte Grundrechte durch ein Gesetz oder eine richterliche Verfügung zum Schutz der freiheitlich demokratischen Grundordnung eingeschränkt werden (Art. 19 GG).
- Ein Parteienverbot kann vom Bundesverfassungsgericht ausgesprochen werden, wenn einer Partei nachgewiesen werden kann, dass es ihr Ziel ist, die freiheitlich demokratische Grundordnung zu beseitigen oder zu beeinträchtigen (Art. 21 GG).
- Ewig unveränderliche Bestimmungen, z. B. die Unantastbarkeit der Menschenwürde sowie die Unveränderbarkeit auch der fünf Staatsstrukturprinzipien Demokratie, Rechtsstaat, Sozialstaat, Republik und Bundesstaat (Art. 79 GG).

Auch das Strafgesetzbuch sieht weitere Regelungen, beispielsweise gegen Hochverrat, vor (§ 81 StGB).

1 Stelle fest (Internetrecherche), welche Grundrechte durch das Bundesverfassungsgericht für verwirkt erklärt werden können (Art. 18 GG).

2 Der Begriff der freiheitlich demokratischen Grundordnung (FDGO) wurde im Jahr 1952 durch das Bundesverfassungsgericht näher bestimmt:
„Freiheitliche demokratische Grundordnung im Sinne des (…) GG ist eine Ordnung, die unter Ausschluss jeglicher Gewalt und Willkürherrschaft eine rechtsstaatliche Herrschaftsordnung auf der Grundlage der Selbstbestimmung des Volkes nach dem Willen der jeweiligen Mehrheit und der Freiheit und Gleichheit darstellt. Zu den grundlegenden Prinzipien dieser Ordnung sind mindestens zu rechnen: die Achtung vor den im Grundgesetz konkretisierten Menschenrechten, vor allem vor dem Recht der Persönlichkeit auf Leben und freie Entfaltung, die Volkssouveränität, die Gewaltenteilung, die Verantwortlichkeit der Regierung, die Gesetzmäßigkeit der Verwaltung, die Unabhängigkeit der Gerichte, das Mehrparteienprinzip und die Chancengleichheit für alle politischen Parteien mit dem Recht auf verfassungsmäßige Bildung und Ausübung einer Opposition."

Übertrage die genannten Prinzipien der freiheitlichen demokratischen Grundordnung in eine Mindmap nach folgendem Muster:

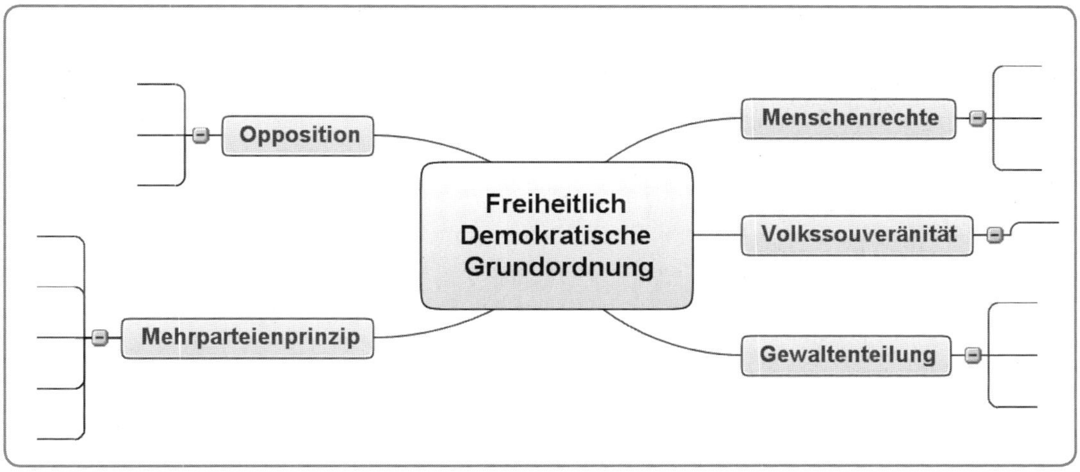

Ergänze die noch unbeschrifteten Äste der Mindmap mit passenden Begriffen (z. B. Begriffsdefinitionen, Parteinamen, eine bestimmte Staatsform, ...)

In einer Tageszeitung war folgender Artikel zu lesen:

Demo der Rechten am Maifeiertag verboten

Die Städte Schweinfurt und Würzburg haben geplante Aufmärsche von Rechtsextremen am 1. Mai verboten. Zu groß sei die Gefahr für die öffentliche Sicherheit und Ordnung, hieß es am Montag zur Begründung.

Militante Gegner wie Linksautonome könnten darüber hinaus die Lage verschärfen, sollten sie sich zu Gegendemonstrationen versammeln. Zudem soll es an dem Feiertag zahlreiche andere Veranstaltungen in den Städten geben, unter anderem zur Integration von Migranten. Da sei für rechtsextreme Kundgebungen kein Platz, hieß es.

Die Städte führen auch die Symbolkraft des 1. Mai als Tag der Arbeit an und verwiesen auf die Unterdrückung der Gewerkschaften durch Hitler. Die Veranstalter der rechtsextremen Demonstrationen können nun vor dem Würzburger Verwaltungsgericht gegen die Verbote klagen.

3 Welches Grundrecht wurde in diesem Fall eingeschränkt?

4 Welche Gründe führten letztlich zum Verbot der Aufmärsche?

5 Welches Rechtsmittel können die Veranstalter des Aufmarsches in Anspruch nehmen?

Freiheit und (oder?) Sicherheit

Bearbeite die folgende Karikatur in drei Arbeitsschritten.

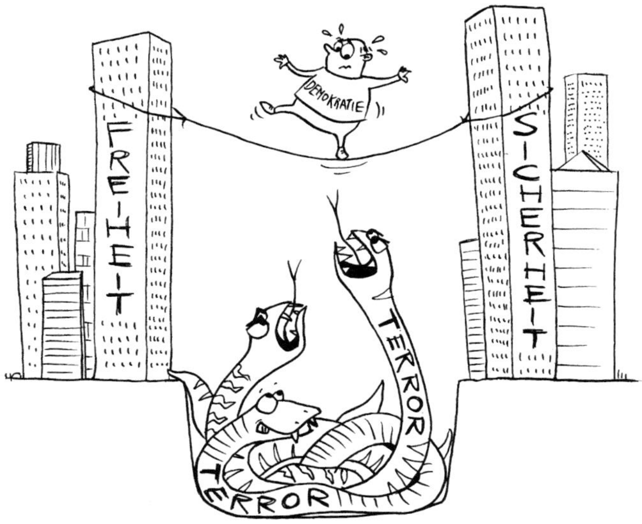

1 Betrachten und Beschreiben

Was / wer wird dargestellt? Was geschieht auf dem Bild?

2 Einordnen

Vor welchem zeitgeschichtlichen Hintergrund könnte die Karikatur entstanden sein? (Veröffentlichung 2002)

3 Interpretieren

Wie lautet die Aussage der Karikatur?

4 Welche unterschiedlichen Grundrechte stehen sich in den folgenden Fallbeispielen gegenüber? Diskutiert in der Klasse jeweils die Pro- und Kontra-Argumente sowie verschiedene Lösungsansätze.

Zur Terrorismusabwehr und Bekämpfung von Schwerkriminalität sollen Ermittlungsbehörden heimlich Online-Durchsuchungen durchführen dürfen. Dabei sollen Computer einmal (Online-Durchsicht) oder während eines gewissen Zeitraums (Online-Überwachung) überprüft bzw. überwacht werden, ohne dass der Nutzer das bemerkt …

An deiner Schule soll eine Videoüberwachung gegen Gewalt, Vandalismus, Diebstahl und Raucher eingesetzt werden …

Beim diesjährigen Volksfest deiner Heimatgemeinde sollen auf Wunsch des Gemeinderats Videokameras installiert werden, um für die Sicherheit der Besucher zu sorgen …

Parteienverbot

Die politischen Parteien stehen grundsätzlich unter dem Schutz des Grundgesetzes. Ein Verbot einer Partei kann nur durch das Bundesverfassungsgericht erfolgen.

Parteienverbot – ein langer, hürdenreicher Weg

Das Grundgesetz errichtet hohe Hürden vor dem möglichen Verbot einer Partei. Und der Weg dorthin ist lang. Denn die Parteien stehen unter dem Schutz der Verfassung. Nach Artikel 21 wirken sie „bei der politischen Willensbildung des Volkes mit". Verfassungswidrig sind nach diesem Grundgesetzartikel Parteien, die nach ihren Zielen und dem Verhalten ihrer Anhänger die freiheitlich-demokratische Grundordnung beeinträchtigen, beseitigen wollen oder den Bestand der Bundesrepublik Deutschland gefährden. Über die Verfassungswidrigkeit einer Partei entscheidet allein das Bundesverfassungsgericht. Verbotsanträge stellen können nur die Bundesregierung, der Bundestag oder der Bundesrat. Vor einem Verbot muss einer Partei eine „aggressiv-kämpferische" Haltung gegen die freiheitliche Grundordnung nachgewiesen werden – oder sogar die Absicht, diese Grundordnung beseitigen zu wollen. Ein Verfahren vor dem Bundesverfassungsgericht kann Jahre dauern.

Probleme bei der Beweisführung können entstehen, wenn Erkenntnisse verdeckter Ermittler verwendet werden. Bei Spitzeln stellt sich die Frage, ob diese möglicherweise als Provokateure agierten. Diese Unklarheit trug 2003 zum Scheitern des NPD-Verbotsverfahrens bei. Seit Gründung der Bundesrepublik gab es erst zwei Parteiverbote: 1952 wurde die Sozialistische Reichspartei (SRP) verboten, weil sie – in Wesensverwandtschaft mit Adolf Hitlers NSDAP – die Beseitigung der freiheitlich-demokratischen Grundordnung anstrebte. 1956 verbot das Verfassungsgericht die Kommunistische Partei Deutschlands (KPD), deren Ziel es war, eine „Diktatur des Proletariats" zu errichten.

1 Welches Staatsorgan ist allein für das Verbot einer politischen Partei verantwortlich?

2 Ergänze den Satz.

Das Antragsrecht auf Verbot einer Partei besitzen ausschließlich …

3 Unter welchen Umständen ist das Verbot einer politischen Partei möglich?

4 Weshalb scheiterte der Verbotsantrag gegen die als rechtsextremistisch eingestufte Nationaldemokratische Partei Deutschlands?

5 Nimm Stellung zu folgender Aussage des Bundestagsabgeordneten Dr. Hans-Peter Uhl zum gescheiterten NPD-Verbot: „… *Wir sind überhaupt der Meinung, ein Verbot einer rechtsradikalen Partei hilft nicht weiter. Die Gedanken sind es, die wir bekämpfen müssen, in den Köpfen der Menschen, die rechtsradikalen.*"

Wie könnte der „Kampf gegen rechtsextremistische Gedanken" erfolgen? Diskutiert innerhalb der Klasse Lösungsansätze.

Politische Verbände

Ein Verband bezeichnet den Zusammenschluss von Personen mit gemeinsamen __________ zur Verfolgung gemeinsamer Ziele. Politische Verbände sind Vereinigungen, deren Aufgabe es ist, die besonderen Interessen ihrer Mitglieder in den politischen __________ einfließen zu lassen (Lobbyisten). Zu diesem Zweck sind Verbände sehr unterschiedlich organisiert, z. B. 1) als __________ (z. B. Gewerkschaften), 2) als Interessenverbände (z. B. der Allgemeine Dt. Automobil Club, ADAC), 3) als __________ (z. B. Verband des Fleischerhandwerks), 4) als Berufsverbände (z. B. der Verband der Flugzeugführer und Flugingenieure Cockpit), 5) als Standesorganisationen (z. B. der Deutsche Beamten Bund, DBB). Adressaten der verbandspolitischen Arbeit sind neben __________ und Politik auch die __________ und die Medien sowie die eigene __________ (Werbung neuer Mitglieder, Mobilisierung von Unterstützung).

1 Setze die folgenden Begriffe richtig in den Lückentext ein:

Mitgliedschaft | Fachverbände | Staat | Entscheidungsprozess | Massenorganisationen | Interessen | Öffentlichkeit |

2 Verbände-„Ranking" – Ordne nach der Anzahl der Mitglieder.

Landessportverband Baden-Württemberg 3 679 006 Mitglieder; Landessportbund Rheinland-Pfalz 1 500 724 Mitglieder; Deutscher Turner-Bund (DTB) 5 025 000 Mitglieder; Deutsches Rotes Kreuz e. V. (DRK) 4 700 000 Mitglieder; Sozialverband VDK 1 400 000 Mitglieder; ADAC 14 800 800 Mitglieder; Deutscher Fußballbund (DFB) 6 274 804 Mitglieder; Deutscher Sportbund 27 000 000 Mitglieder; Deutscher Mieterbund 1 300 000 Mitglieder; Bundesverband Deutscher Gartenfreunde e. V. 1 020 000; Gewerkschaft Erziehung Wissenschaft (GEW) 258 119; Bundesverband der Deutschen Industrie e. V. (BDI) 100 000

3 Ordne die oben genannten Verbände nach ihren jeweiligen Handlungsfeldern einem der folgenden Bereiche zu:

- Arbeit und Wirtschaft
- Gesellschaft und Politik
- Freizeit und Kultur
- Bildung und Wissenschaft
- Gesundheit und Soziales

Wahlsysteme

Stimmzettel

A	Kandidat A	⊗
B	Kandidat B	○
C	Kandidat C	○
D	Kandidat D	○

Stimmzettel

A	Partei A	○
B	Partei B	○
C	Partei C	○
D	Partei D	⊗

Bei der **Mehrheitswahl** wird das Wahlgebiet in so viele Wahlkreise unterteilt, wie Abgeordnete zu wählen sind. Jeder Wahlkreis wählt einen Abgeordneten. Der Wähler hat eine Stimme, die er einem der Kandidaten gibt. Der Kandidat, der die meisten Stimmen erhält, zieht ins Parlament ein. Bei der absoluten Mehrheitswahl benötigt ein Bewerber die absolute Mehrheit, also mindestens 50 % der abgegebenen gültigen Stimmen in einem Stimmkreis. Notfalls muss also eine Stichwahl entscheiden, die in der Regel zwischen den Bewerbern mit den meisten Stimmen im ersten Wahlgang ausgetragen wird. In jedem Fall gehen die Stimmen für die unterlegenen Kandidaten verloren, was Kritiker an diesem System bemängeln. Im englischen Mehrheitswahlsystem wird dieser Umstand mit „the winner takes it all" umschrieben. Die Zusammensetzung des Parlaments wird allerdings „eindeutiger", da sich meist klare Mehrheiten bilden. Kleine Parteien erfahren so meist eine erhebliche Benachteiligung, was wiederum einer Parteienzersplitterung entgegenwirkt. Zudem wird als Vorteil angesehen, dass die Entscheidung über die Regierungsführung durch die Schaffung klarer Mehrheiten meist direkt durch Wählerinnen und Wähler und nicht durch die Parteien in Koalitionsverhandlungen herbeigeführt wird.

Die Grundvorstellung der **Verhältniswahl** ist, dass im Parlament alle gesellschaftlichen Gruppen und deren Meinungen bzw. Interessen gemäß ihrem Anteil an Wählerstimmen vertreten sein sollen. Deshalb ist die Anzahl der Sitze, die jede Partei erhält, proportional zu der Anzahl ihrer Stimmen. So gehen anders als bei der Mehrheitswahl keine Stimmen verloren. Alle Stimmen zählen gleich und haben den gleichen Erfolgswert. Allerdings gibt es in den Verhältniswahlsystemen oft Sperrklauseln, die das Abbild des Wählerwillens verzerren. Als Vorteil wird gesehen, dass ein solches System ein Kartell (Absprachen) etablierter Parteien verhindert. Außerdem ist es in einem Proporzsystem (Verhältnissystem) leichter, gesellschaftliche Wandlungen bei der Umsetzung von Stimmen in Mandate zu berücksichtigen.

Markiere die Vor- bzw. Nachteile der beiden Wahlsysteme mit verschiedenen Farben.

Stimmzettel zur Wahl der Abgeordneten des Deutschen Bundestags

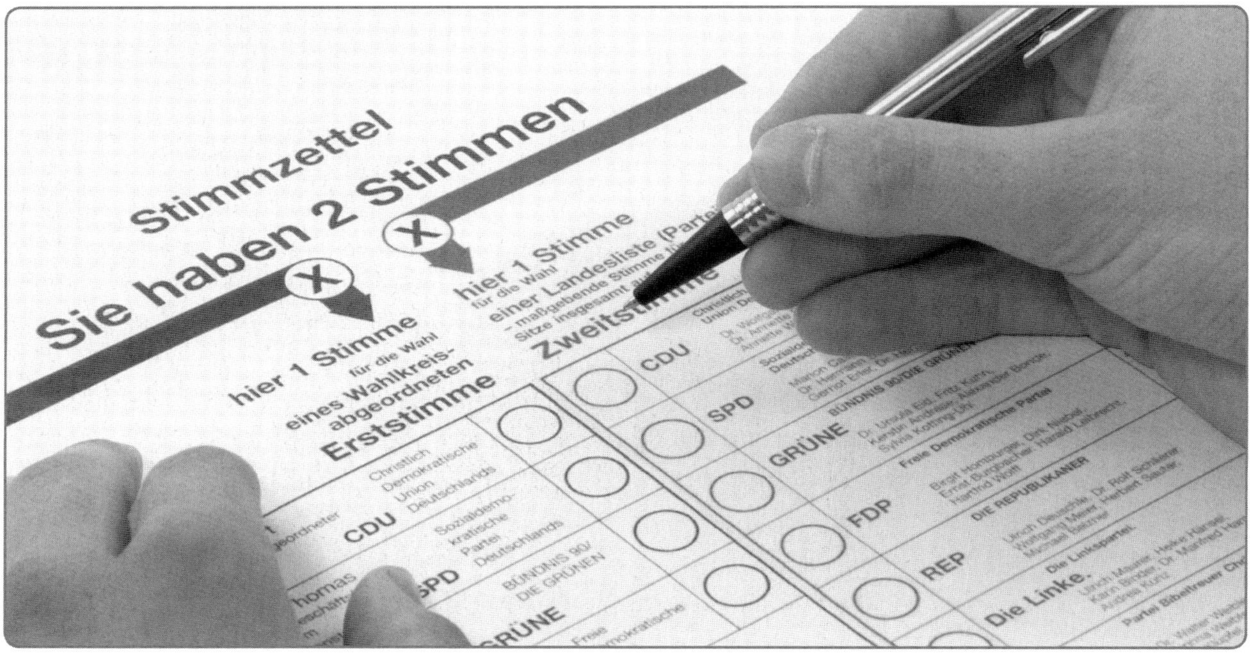

1 Ergänze folgende Sätze.

Jeder Wähler hat ____ Stimmen. Mit der sogenannten ____ wird der Wahlkreisabgeordnete, mit der Zweitstimme die Kandidatenliste einer ____ gewählt.

2 In Artikel 38 des Grundgesetzes für die Bundesrepublik Deutschland sind die Grundsätze für die Wahl der Abgeordneten des Deutschen Bundestags festgeschrieben. Vervollständige den Auszug aus dem Grundgesetz, indem du die folgenden Silben richtig zusammensetzt.

glei – frei – er – unmit – cher – allge – tel – rer – hei – mer – ge – mei – ner – ba

„Die Abgeordneten des Deutschen Bundestages werden in ____, ____, ____, ____ und ____ Wahl gewählt."

3 Nimm Stellung zu folgender Aussage:
„Das Heil der Demokratien, von welchem Typus und Rang sie immer seien, hängt von einer geringfügigen technischen Einzelheit ab: vom Wahlrecht. Alles andere ist sekundär."
(Jose Ortega y Gasset, spanischer Philosoph 1883–1955)

Wahlen in früherer Zeit

1 „Die Abgeordneten des Deutschen Bundestages werden in **allgemeiner, unmittelbarer, freier, gleicher** und **geheimer** Wahl gewählt (GG Art. 38)." Erkläre diese Wahlrechtsgrundsätze durch einen historischen Vergleich mit Wahlen in früherer Zeit.

a In Deutschland besaßen bis zum Jahr 1919 nur die Männer das Wahlrecht.

Allgemeine Wahl – Jede Person, die …

b In der ehemaligen DDR wurde es zur Ehrenpflicht erklärt, nicht in der Wahlkabine zu wählen, sondern vor den Augen aller die Einheitsliste – etwas anderes stand nicht zur Wahl – anzukreuzen.

Geheime Wahl – Jede wahlberechtigte Person muss die Möglichkeit haben …

c In der ehemaligen DDR bestand Wahlpflicht.

Freie Wahl – Jede Person kann ohne Zwang und Kontrolle entscheiden …

d In Preußen wählten vor 1918 die Bürger sogenannte Wahlmänner, die dann erst über die Wahl von Abgeordneten entschieden.

Unmittelbare Wahl – Die Kandidaten bzw. Parteien und Wählergruppen werden …

e Im alten Preußen konnte die Masse der unteren Schichten weniger Abgeordnete in den Landtag wählen als die weniger zahlreichen Angehörigen der Oberschicht.

Gleiche Wahl – Jede Wählerstimme …

2 Gegen welche der oben formulierten Wahlrechtsgrundsätze wird in den folgenden Beispielen verstoßen? Begründe deine Antwort jeweils.

a In der französischen Verfassung von 1791 wurde ein sogenanntes Zensuswahlrecht für Männer festgeschrieben. Dies bedeutete, dass jeder Mann über 25 Jahre, der ein bestimmtes Steueraufkommen hatte, das Recht zu wählen hatte. Diese Männer nannte man Aktivbürger. Als Passivbürger galten die besitzlosen Männer, die entweder kein oder ein sehr geringes Steueraufkommen hatten und deshalb nicht das Recht hatten, zu wählen.

b Deutschland 1933–1938 „… nach fast allen Wahlen erhielt man ein Wahlabzeichen, wodurch man auf der Straße sozialen Druck gegenüber den Nichtwählern ausübte, ebenfalls wählen zu gehen. Die SA durfte die Wählerlisten einsehen und begann von Mittag an ihren „Wahlschleppdienst", d. h. sogenannte „säumige" Wählerinnen und Wähler wurden zu Hause aufgesucht. Wer sich diesem Zwang, zur Wahl zu gehen, entzog, konnte auch nach der Abstimmung noch mit Sanktionen – etwa seitens des Arbeitgebers – rechnen."

Demokratie – Diktatur

Text 1 – Demokratie

Ein Staat gilt als demokratisch, wenn die folgenden Merkmale erfüllt sind. Politische Entscheidungen werden in Wahlen oder Abstimmungen durch das Volk oder dessen Vertreter getroffen. Zur Wahl stellen sich in ihren Zielsetzungen unterschiedliche, um die Wählergunst miteinander konkurrierende, politische Parteien. Der moderne demokratische Staat garantiert seinen Bürgern eine Reihe von Grundrechten gegenüber dem Staat. Eine zentrale Position nimmt der Schutz der Würde des Menschen ein. Meinungs-, Presse- und Rundfunkfreiheit erfüllen wichtige Kontroll- und Kritikfunktionen gegenüber den Regierenden. Die Opposition, d. h. die nicht unmittelbar an der Regierungsgewalt beteiligten Parteien, nimmt im politischen System eines modernen demokratischen Staats wichtige Aufgaben wahr. Sie kritisiert und überwacht die Regierung, deckt Missstände auf und weist auf Alternativen hin. Die Staatsgewalt ist grundsätzlich unterteilt in Exekutive, Legislative und Judikative. Dadurch wird eine bedrohliche Machtkonzentration verhindert, zusätzliche Kontrollinstanzen ergeben sich.

Text 2 – Diktatur

Die Diktatur ist eine Regierungsform, die sich durch eine einzelne regierende Person, den Diktator, oder eine regierende Gruppe von Personen (z. B. Partei, Militär, Familie) mit unbeschränkter Macht auszeichnet. (...) Ein Diktator begründet seinen Anspruch auf Herrschaft im Gegensatz zur Demokratie nicht durch freie Wahlen. Sofern politische Parteien zugelassen sind, bieten sie für die Bürger keine wirklichen Alternativen (vgl. Einheitsparteien in ehemaligen kommunistischen Systemen). Zum Begriff der Diktatur gehört, dass sie illegitim ist, also eine legitime Staatsform umgestürzt hat oder in ihrem Ursprung nicht recht- oder verfassungsgemäß ist. (...) In der Diktatur wird die neuzeitliche Gewaltenteilung aufgehoben, und damit der Grundrechteschutz des einzelnen Bürgers. Die Macht des Diktators, sei es eine einzelne Person oder eine Gruppe, ist unbeschränkt. Er kontrolliert – neben der Gesetzgebung – insbesondere auch die traditionellen staatlichen Zwangsmittel der Exekutive selbst: Militär, Justiz, Polizei und staatliche Behörden. Diese Zwangsmittel reichen oft nicht zum Machterhalt aus, daher müssen weitere Bereiche der Gesellschaft kontrolliert werden. Die Diktatur unterwirft sich dann auch die wirtschaftlichen Einrichtungen, das Erziehungswesen, Presse und Medien sowie die Kommunikationsmittel wie Nachrichten- und Datenverkehr. Der politische Gegner (die Opposition) wird ausgeschaltet.

Diktatur. Aus: http://de.wikipedia.org/wiki/Diktatur Download am: 10.04.2010

Erarbeite die wesentlichen Unterschiede zwischen Demokratie und Diktatur. Vergleiche anhand der folgenden Merkmale:

Gewaltenteilung, Grundrechte, Politische Entscheidungsfindung, Opposition, Politische Parteien

Demokratur?

1 Welche beiden Herrschaftsformen wurden hier offensichtlich miteinander vermischt?

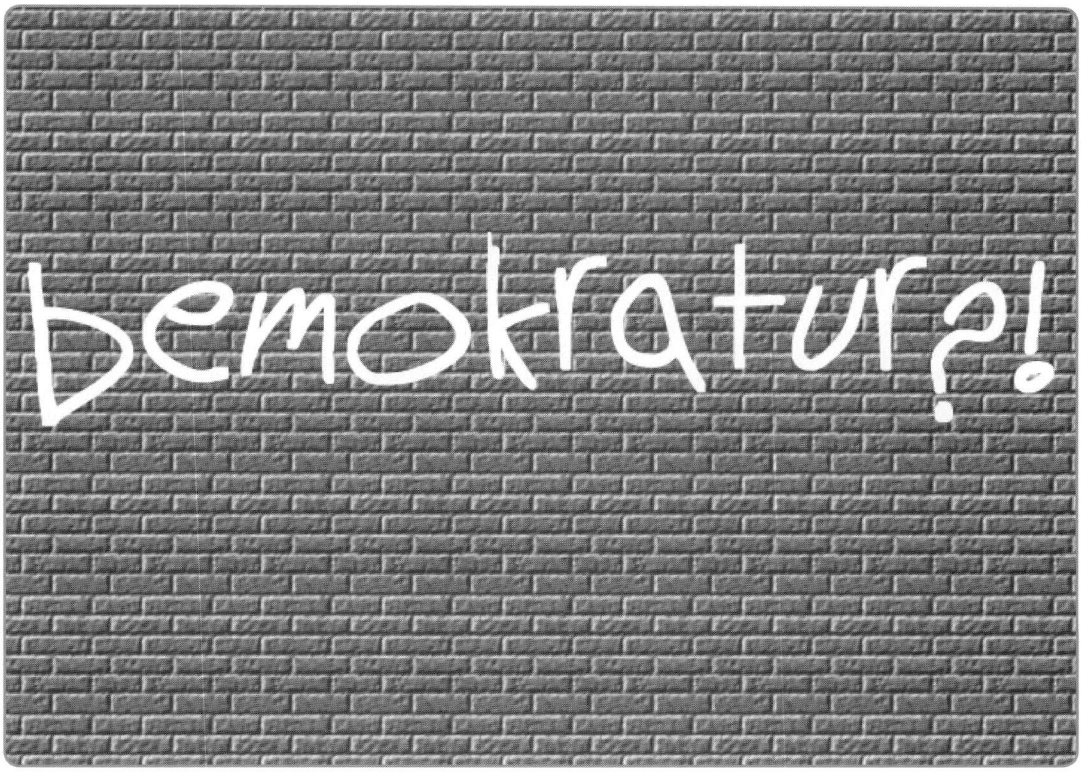

2 Versuche, mithilfe der folgenden Karikatur zu erklären, was mit dem Begriff einer „Demokratur" wohl gemeint sein könnte.

Zeittafel

Bringe die folgenden Textbausteine zur historischen Entwicklung der Grund- bzw. Menschenrechte in die richtige chronologische Reihenfolge.

	1689 Bill of Rights (England); Rechte des Parlaments gegenüber dem König werden festgeschrieben.
	1949 Grundgesetz; Garantie unabänderlicher Grundrechte.
	1215 Magna Charta Libertatum (England); Beschränkung der Macht des Königs, jedem freien Bürger Englands wird ein Mindestmaß an Rechtsschutz vor staatlicher Willkür garantiert.
	1848 / 1849 Paulskirchenverfassung (Deutschland); erste demokratisch beschlossene Verfassung für ganz Deutschland, die allerdings nie umgesetzt wurde.
	1789 Erklärung der Menschen- und Bürgerrechte (Frankreich); Festschreibung von Menschen- und Bürgerrechten, Gleichheit aller Menschen vor dem Gesetz.
	1948 Allgemeine Erklärung der Menschenrechte; Ausdrückliches Bekenntnis der Vereinten Nationen zu den allgemeinen Grundsätzen der Menschenrechte.
	1950 Europäische Menschenrechtskonvention; Konvention zum Schutze der Menschenrechte und Grundfreiheiten.
	1776 Amerikanische Unabhängigkeitserklärung; Garantie allgemeiner Menschenrechte.
	1679 Habeas-Corpus-Akte (England); Schutz vor willkürlicher Verhaftung ohne richterliche Anordnung.
	1919 Weimarer Reichsverfassung; Festschreibung eines umfassenden Grundrechtekatalogs.

Der Grundrechtekatalog des Grundgesetzes

Ergänze mithilfe der Informationen aus dem Schaubild die Lücken in der Tabelle.

Der Grundrechtekatalog des Grundgesetzes umfasst im Wesentlichen die klassischen Freiheits-, Gleichheits- und Unverletzlichkeitsrechte.

	Artikel Grundgesetz	Kurzbeschreibung
Freiheitsrechte	Art. 2	
		Glaubens- und Gewissensfreiheit
		Versammlungsfreiheit
	Art. 5	
	Art. 9	

	Artikel Grundgesetz	Kurzbeschreibung
Unverletzlichkeitsrechte	Art. 13	
		Brief- und Telefongeheimnis
	Art. 14	

	Artikel Grundgesetz	Kurzbeschreibung
Gleichheitsrechte	Art. 3	
		Gleicher Zugang zu öffentlichen Ämtern

Schutz der Grundrechte durch das Bundesverfassungsgericht

Jeder Bürger, der sich in seinen Grundrechten durch staatliches Handeln (Gesetze, Behördenentscheidungen) beeinträchtigt fühlt, kann vor dem Bundesverfassungsgericht Klage erheben.

1 Das „oberste" Organ der Rechtsprechung in der Bundesrepublik Deutschland. Beschreibe die Architektur (Bauweise) des Gebäudes.

2 Welche symbolische Bedeutung könnte es haben, dass der höchste Teil des Gebäudes (Sitzungssaal) für die Öffentlichkeit bestimmt ist?

3 Die folgende Grafik zeigt die Verfahrenseingänge beim Bundesverfassungsgericht seit dem Jahr 1951. Welcher grundsätzliche Trend lässt sich feststellen? Worin könnte diese Entwicklung begründet sein?

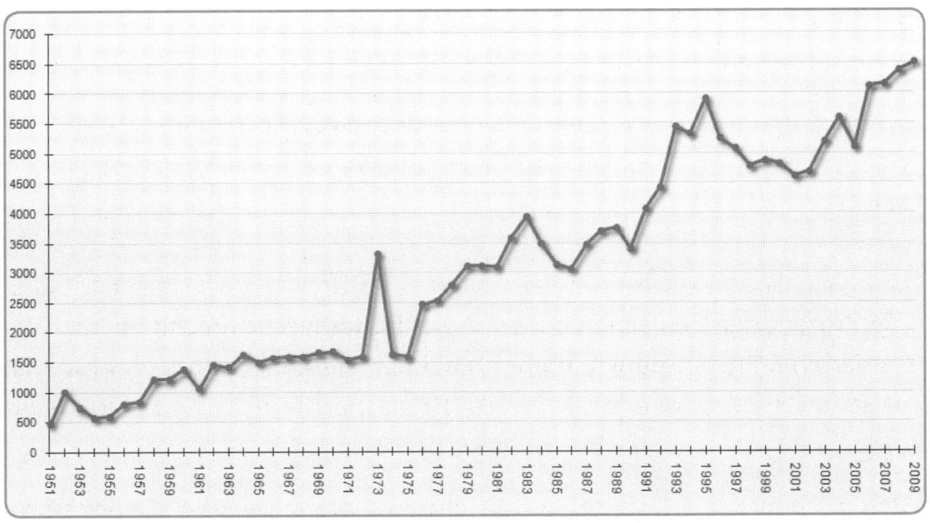

Organisation und Aufbau des Bundesverfassungsgerichts

1 Bereite mithilfe des folgenden Schaubilds ein Kurzreferat zur Organisation des Bundesverfassungsgerichts vor. Erstelle einen „Spickzettel" mit kurzen Notizen (Stichwörter).

2 Welcher der drei Staatsgewalten, Exekutive, Legislative oder Judikative, würdest du das Bundesverfassungsgericht zuordnen?

3 Ermittle die Namen des gegenwärtigen / der gegenwärtigen Präsidenten / -in bzw. des gegenwärtigen / der gegenwärtigen Vizepräsidenten / -in des Bundesverfassungsgerichts (Internetrecherche).

4 Setzt euch mit der folgenden Aussage des deutschen Künstlers und (digitalen) Bürgerrechtlers padeluun kritisch auseinander.

„Wenn dauernd Gesetze vor dem Bundesverfassungsgericht landen und das entscheidet, dass sie gegen die Verfassung verstoßen, dann ist die Arbeit einfach schlecht, die die Politiker abliefern."

5 Eine aktuelle Befragung zum Vertrauen der Bürger in politische Institutionen ergab: „76 Prozent der Deutschen haben in das Bundesverfassungsgericht großes Vertrauen, immerhin 5 Prozentpunkte mehr als bei der letzten Erhebung vor zwei Jahren. Demgegenüber fällt das Vertrauen in den Deutschen Bundestag und in die Bundesregierung (...) deutlich ab."

Worin könnten die Gründe für die hohe Akzeptanz des Bundesverfassungsgerichts bei den Bürgern liegen?

Kinderrechte

Als Kinderrechte werden die Rechte von Kindern und Jugendlichen bezeichnet. Weltweit festgeschrieben sind sie in der sogenannten Kinderrechtskonvention (Konvention: Übereinkunft), die die Vollversammlung der Vereinten Nationen (UN: United Nations) im November 1989 verabschiedet hat. Die UN-Kinderrechtskonvention wurde bis heute von den meisten Staaten der Erde ratifiziert (d. h. die Einhaltung dieser Konvention wurde erklärt). Sie formuliert weltweit gültige Grundwerte im Umgang mit Kindern, ohne soziale, kulturelle oder religiöse Unterschiede zu machen. Trotz aller internationalen Bemühungen ist bislang allerdings unklar, in welchem Umfang die geforderten oder auch festgeschriebenen Rechte konkret umgesetzt werden.

1 Stelle fest, auf welche Artikel der Kinderrechtskonvention die folgenden Informationen des Kinderhilfswerk der Vereinten Nationen (Abkürzung: englisch UNICEF) Bezug nehmen. Diskutiert eure Ergebnisse in der Klasse

UNICEF-Info	Kinderrechtskonvention der UN
① Deutschland: Soziale Kluft zwischen den Kindern wächst!	a) „Das Kind ist unverzüglich nach seiner Geburt in ein Register einzutragen und hat das Recht auf einen Namen von Geburt an, das Recht, eine Staatsangehörigkeit zu erwerben und soweit möglich das Recht, seine Eltern zu kennen und von ihnen betreut zu werden (Art. 7)."
② 150 Millionen Kinder müssen arbeiten.	b) „Die Vertragsstaaten treffen alle durchführbaren Maßnahmen, um sicherzustellen, dass von einem bewaffneten Konflikt betroffene Kinder geschützt und betreut werden (Art. 38)."
③ Eine Milliarde Kinder wachsen in Kriegs- und Krisengebieten auf.	c) „Die Vertragsstaaten erkennen das Recht des Kindes auf das erreichbare Höchstmaß an Gesundheit an (Art. 24)."
④ Jedes Jahr sterben 8,8 Millionen Kinder.	d) „Die Vertragsstaaten erkennen das Recht des Kindes an, vor wirtschaftlicher Ausbeutung geschützt zu werden (Art. 32)."
⑤ Eine Milliarde Menschen ohne sauberes Wasser.	e) „Die Vertragsstaaten erkennen an, dass jedes Kind ein angeborenes Recht auf Leben hat. Die Vertragsstaaten gewährleisten in größtmöglichem Umfang das Überleben und die Entwicklung des Kindes (Art. 6)."
⑥ 101 Millionen Kinder gehen nicht zur Schule.	f) „Bei allen Maßnahmen, die Kinder betreffen, gleichviel ob sie von öffentlichen oder privaten Einrichtungen der sozialen Fürsorge, Gerichten, Verwaltungsbehörden oder Gesetzgebungsorganen getroffen werden, ist das Wohl des Kindes ein Gesichtspunkt, der vorrangig zu berücksichtigen ist (Art. 3)."
⑦ Jedes Jahr werden 51 Millionen Kinder bei der Geburt nicht registriert.	g) „Die Vertragsstaaten erkennen das Recht des Kindes auf Bildung an (Art. 28)."

2 Welche Schwierigkeiten ergeben sich für Kinder, besonders in Dritte-Welt-Ländern, ohne „Registrierung"? Diskutiert in der Klasse.

Grundrechte-Kreuzworträtsel

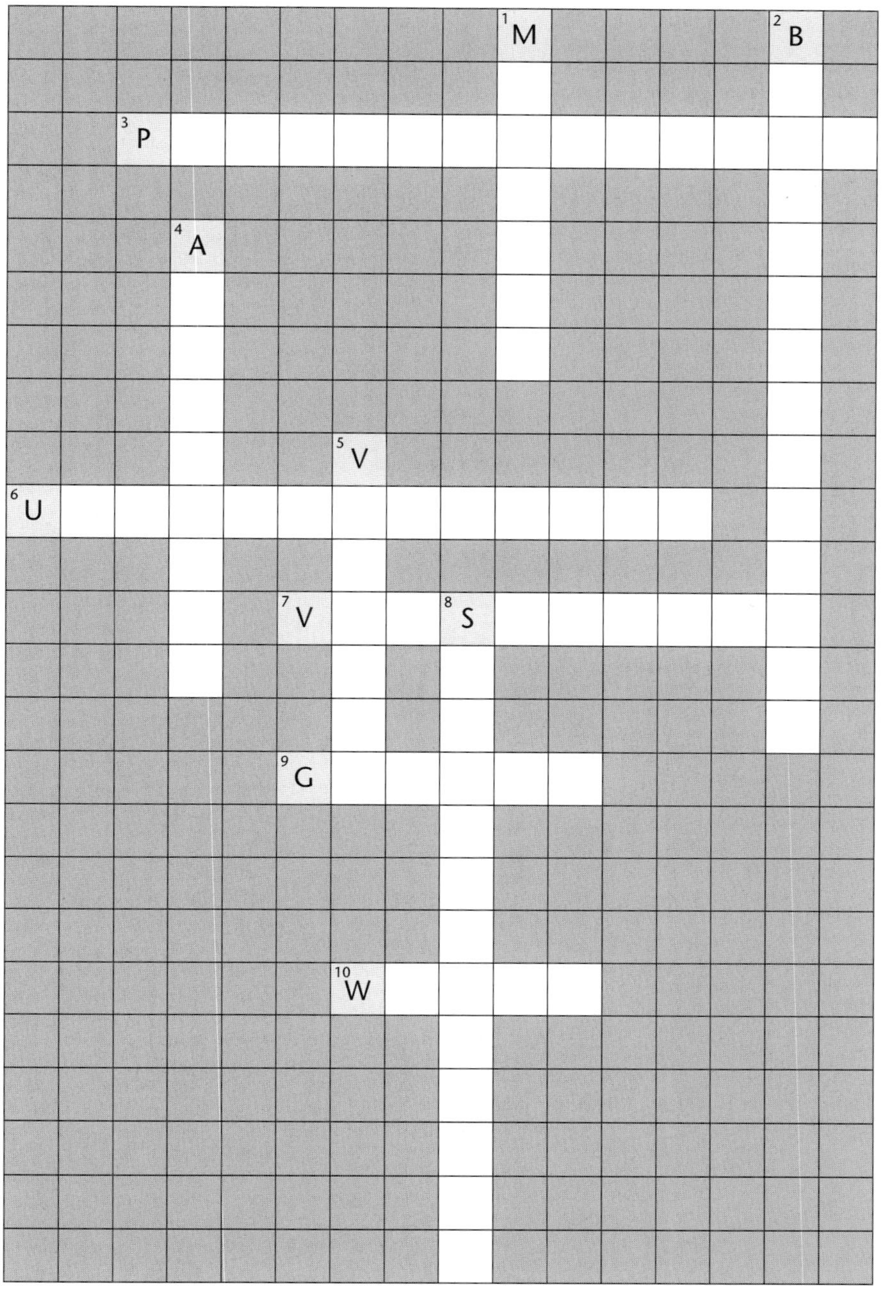

Waagerecht:

3. Jeder hat das Recht auf freie Entfaltung seiner …
6. Die Wohnung ist …
7. Alle Deutschen haben das Recht, sich ohne Anmeldung oder Erlaubnis friedlich und ohne Waffen zu …
9. Alle Menschen sind vor dem … gleich.
10. Die … des Menschen ist unantastbar.

Beim Ausfüllen des Kreuzworträtsels hilft dir der Auszug aus dem Grundgesetz (S. 58).

Senkrecht:

1. Jeder hat das Recht, seine … in Wort, Schrift und Bild frei zu äußern.
2. Das … sowie das Post- und Fernmeldegeheimnis sind unverletzlich.
4. Politisch Verfolgte genießen …
5. Alle Deutschen haben das Recht, … zu bilden.
8. Männer können vom vollendeten achtzehnten Lebensjahr an zum Dienst in den … verpflichtet werden.

Auszug aus dem Grundgesetz[1]

Artikel 1

(1) Die Würde des Menschen ist unantastbar. Sie zu achten und zu schützen ist Verpflichtung aller staatlichen Gewalt.

Artikel 2

(1) Jeder hat das Recht auf die freie Entfaltung seiner Persönlichkeit, soweit er nicht die Rechte anderer verletzt und nicht gegen die verfassungsmäßige Ordnung oder das Sittengesetz verstößt.

Artikel 3

(1) Alle Menschen sind vor dem Gesetz gleich.

Artikel 5

(1) Jeder hat das Recht, seine Meinung in Wort, Schrift und Bild frei zu äußern und zu verbreiten und sich aus allgemein zugänglichen Quellen ungehindert zu unterrichten.

Artikel 8

(1) Alle Deutschen haben das Recht, sich ohne Anmeldung oder Erlaubnis friedlich und ohne Waffen zu versammeln.

Artikel 9

(1) Alle Deutschen haben das Recht, Vereine und Gesellschaften zu bilden.

Artikel 10

(1) Das Briefgeheimnis sowie das Post- und Fernmeldegeheimnis sind unverletzlich.

Artikel 12a

(1) Männer können vom vollendeten achtzehnten Lebensjahr an zum Dienst in den Streitkräften, im Bundesgrenzschutz oder in einem Zivilschutzverband verpflichtet werden.

Artikel 13

(1) Die Wohnung ist unverletzlich.

Artikel 16a

(1) Politisch Verfolgte genießen Asylrecht.

[1] Die hier abgedruckten Artikel des Grundgesetzes enthalten stets noch weitere Absätze, die hier nicht aufgeführt wurden.

Grundlagentext

Setze die folgenden Begriffe richtig in den Lückentext ein.

Unionsbürger | nicht wirtschaftlichen | zwischenstaatliche | Souveränitätsansprüchen | Währung | Binnenmarkt | überstaatliche | Staatenverbund | Maastricht | Gemeinschaften | Regierungen | gemeinsames | wirtschaftliche | Eurozone |

Die Europäische Union (EU) ist ein aus 27 europäischen Staaten bestehender __________. Seine Bevölkerung umfasst derzeit rund 500 Millionen Einwohner. Der von den EU-Mitgliedstaaten gebildete europäische __________ ist der, am Bruttoinlandsprodukt gemessen, größte gemeinsame Markt der Welt. Das politische System der EU beinhaltet sowohl __________ als auch __________ Elemente und spiegelt in seinem Aufbau die Balance zwischen den nationalen __________ der Mitgliedstaaten und dem Stand der europäischen Integration wider. Während im Europäischen Rat und im nach Fachressorts aufgeteilten Rat der Europäischen Union (Ministerrat) die nationalen __________ vertreten sind, repräsentiert das Europäische Parlament bei der Rechtsetzung der EU unmittelbar die __________.
Die Anfänge der EU gehen auf die 1950er Jahre zurück, als zunächst sechs Staaten die Europäische __________ gründeten. Diese sollten vor allem durch eine gezielte __________ Verflechtung nach dem Zweiten Weltkrieg neue militärische Konflikte für die Zukunft unmöglich machen und durch den größeren Markt das Wirtschaftswachstum beschleunigen. Im Lauf der folgenden Jahrzehnte traten in mehreren Erweiterungsrunden neue Staaten den Gemeinschaften bei. Mit dem Vertrag von __________ gründeten die EG-Mitgliedstaaten 1992 die Europäische Union, die nun auch Zuständigkeiten in __________ Politikbereichen besaß. In mehreren Reformverträgen, zuletzt im Vertrag von Lissabon, wurden die übernationalen Kompetenzen noch ausgebaut, zugleich wurden die gemeinsamen Institutionen schrittweise demokratisiert. Innerhalb der EU haben 16 Staaten eine gemeinsame __________, den Euro, eingeführt. Sie konstituieren die sog. __________.
Mit dem Ziel eines europaweiten Raums der Freiheit, der Sicherheit und des Rechts arbeiten die EU-Mitgliedstaaten auch in der Innen- und Justizpolitik zusammen.

Historische Meilensteine auf dem Weg zu einem vereinigten Europa

Jeweils ein Bild und ein Text gehören thematisch zusammen. Ordne diese richtig zu. Begründe deine Antworten.

Text A

Als **Schuman-Plan** oder **Schuman-Erklärung** wird der am 9. Mai 1950 vom damaligen französischen Außenministers Robert Schuman (1886–1963) im Salon de l'Horloge des Quai d'Orsay vor Pressevertretern in einer Regierungserklärung vorgelegte Plan bezeichnet, in der er die grundlegenden Gedanken für eine Zusammenlegung der deutschen und französischen Kohle- und Stahlproduktion bekannt gab.

Bild 3

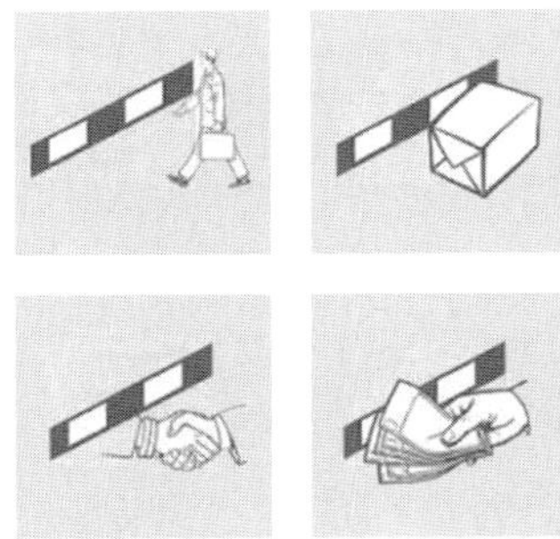

Bild 4

Text B

Die **Europäische Wirtschaftsgemeinschaft** (EWG) wurde am 25. März 1957 mit der Unterzeichnung der Römischen Verträge durch Belgien, Frankreich, Italien, Luxemburg, die Niederlande und der Bundesrepublik Deutschland gegründet.

Text C

Als **Vertrag von Maastricht** wird der Vertrag über die Europäische Union (EUV) bezeichnet, der am 7. Februar 1992 im niederländischen Maastricht vom Europäischen Rat unterzeichnet wurde. Darin wurde die Gründung einer Wirtschafts- und Währungsunion beschlossen, die später zur Einführung des Euro führte. Im Vordergrund stand die Vollendung eines gemeinsamen Binnenmarkts, der auch den freien Verkehr von Personen, Dienstleistungen, Waren und Kapital vorsieht.

Bild 1

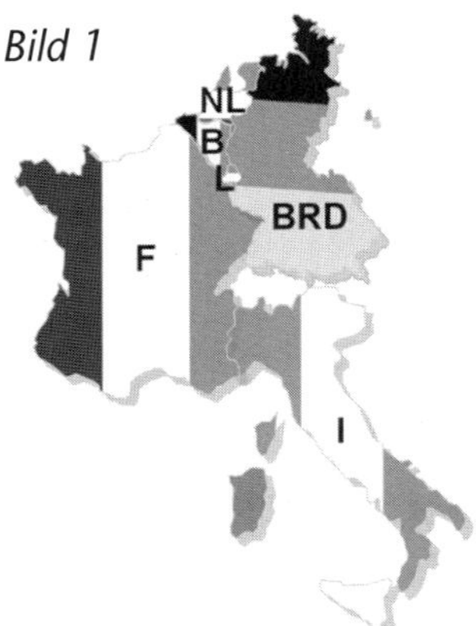

Bild 2

Text D

Der **Vertrag von Lissabon** ist ein völkerrechtlicher Vertrag zwischen den 27 Mitgliedstaaten der Europäischen Union, der am 13. Dezember 2007 unter portugiesischer Ratspräsidentschaft in Lissabon unterzeichnet wurde und am 1. Dezember 2009 in Kraft trat. Zu den Neuerungen des Vertrags zählten u. a. die stärkere Beteiligung der nationalen Parlamente bei der Rechtsetzung der EU sowie die Einführung einer Europäischen Bürgerinitiative.

Die drei zentralen Organe der Europäischen Union

Der **Rat der Europäischen Union** repräsentiert die Regierungen der EU-Mitgliedstaaten und übt zusammen mit dem Europäischen Parlament die Gesetzgebung (Legislative) der Europäischen Union aus. Daneben dient er zur Abstimmung und Koordinierung der Regierungen in bestimmten Politikbereichen, etwa der gemeinsamen Außen- und Sicherheitspolitik. Der Rat der Europäischen Union setzt sich aus jeweils einem Vertreter pro Mitgliedstaat zusammen, der ermächtigt sein muss, für seine Regierung verbindliche Entscheidungen zu treffen (in der Regel Fachminister der EU-Staaten). Ihre Amtszeit entspricht der fünfjährigen Legislaturperiode des Europäischen Parlaments.

Die Mitglieder der **Europäischen Kommission** (umgangssprachlich als EU-Kommissare bezeichnet) werden von den Regierungen der Mitgliedstaaten nominiert und vom Europäischen Parlament bestätigt. Sie sind in ihren Entscheidungen unabhängig und sollen nur die gemeinsamen Interessen der Union, nicht die ihrer jeweiligen Herkunftsstaaten vertreten. Im politischen System der EU nimmt die Europäische Kommission vor allem Aufgaben der Exekutive (ausführende, vollziehende Gewalt) wahr. Sie hat jedoch auch noch weitere Funktionen, insbesondere besitzt sie das alleinige Initiativrecht (Antragsrecht) für die EU-Rechtsetzung. Als „Hüterin der Verträge" überwacht sie die Einhaltung des Europarechts durch die EU-Mitgliedstaaten und kann gegebenenfalls Klage beim Europäischen Gerichtshof erheben.

Das **Europäische Parlament** teilt sich die Gesetzgebungsfunktion mit dem Rat der Europäischen Union. Außerdem übt das Parlament die parlamentarische Kontrolle über die Europäische Kommission und den Rat der Europäischen Union aus. Hierfür kann es Untersuchungsausschüsse einrichten und gegebenenfalls Klage beim Europäischen Gerichtshof erheben. Der Haushalt der EU wird jährlich von Parlament und Rat gemeinsam verabschiedet. Das Europäische Parlament wird von den Bürgern der Europäischen Union alle 5 Jahre gewählt.

Erstelle in deinem Heft eine Tabelle nach folgendem Vorbild und ergänze die Eintragungen mithilfe der Informationen aus dem obigen Text.

Organ	Aufgaben	Zusammensetzung
Rat der Europäischen Union …		

Die Organe der EU

1 Im folgenden Buchstabenwirrwarr sind die politischen Organe der Europäischen Union versteckt. Finde und markiere sie farbig.

X	G	U	J	H	X	Q	Q	L	C	O	S	X	V	A	O	X	L	R	N
N	M	J	K	H	B	G	Z	R	A	T	B	K	J	M	E	M	G	Q	O
E	Y	R	N	K	C	U	L	T	P	V	A	F	B	C	I	D	A	N	R
O	V	C	E	R	L	Z	E	N	T	R	A	L	B	A	N	K	J	D	S
Y	N	C	T	K	M	M	P	A	R	L	A	M	E	N	T	F	I	C	P
E	R	E	C	H	N	U	N	G	S	H	O	F	Y	C	L	H	W	T	H
R	G	C	A	I	U	H	G	M	G	I	B	M	F	W	P	T	Y	I	O
C	Q	K	Y	C	Y	Q	J	D	M	F	Z	D	A	I	O	X	N	K	W
V	R	S	Z	G	E	R	I	C	H	T	S	H	O	F	I	M	K	S	E
K	O	V	O	L	N	F	Q	M	R	X	J	H	H	D	N	F	P	J	W
M	E	R	T	P	U	E	V	F	Y	B	B	U	J	M	D	D	E	B	S
N	O	F	M	T	T	K	X	T	C	Q	S	A	L	K	H	Z	U	S	K
T	H	K	O	M	M	I	S	S	I	O	N	J	L	Y	D	Q	J	C	E
C	L	Y	O	M	Z	F	J	K	H	N	D	N	Z	O	X	R	L	S	B
T	S	M	M	I	N	I	S	T	E	R	R	A	T	E	F	I	U	B	N
T	U	I	Z	U	R	X	W	K	D	Y	U	S	K	A	E	E	N	K	C
H	Q	W	M	E	X	J	I	U	F	L	G	W	P	J	K	W	P	Y	N
I	W	G	G	E	J	A	T	V	H	S	K	V	T	L	C	K	I	S	I
U	D	P	Y	G	Y	C	Z	Q	P	X	O	G	W	B	L	T	G	J	K
N	H	P	F	C	X	C	Q	X	G	Y	W	L	M	U	V	J	F	I	K

2 Ergänze jeweils.

Europäisches ....

Europäscher ....

Europäischer ....

Europäischer ....

Europäische ....

Europäischer ....

Europäische ....

Die Gesetzgebung in der Europäischen Union

Wie entstehen Gesetze für Europa? Über eine EU-Richtlinie, die Zukunft macht.

Dass ihr Leben einmal von einem Stapel Papier namens „Richtlinie 2005/36/EG“ bestimmt werden würde, das hätte sich Marie nicht träumen lassen. Gerade aber scheint es so, als würde die kryptische Kombination 2005/36/EG in Maries Zukunft eine entscheidende Rolle spielen. Marie ist 26 Jahre alt und kommt aus Utrecht in den Niederlanden. Vor zwei Jahren hat sie sich in Fabian verliebt. Fabian ist zwei Jahre älter, kommt aus Deutschland und hat nach seinem Bühnenbildstudium einen Job am Passauer Theater gefunden. In einem Jahr ist auch Marie fertig mit der Uni. Dann hat sie 14 Semester Medizin gebüffelt, geforscht und praktiziert – und Deutsch gelernt. „Denn dann möchte ich endlich als Ärztin arbeiten – am liebsten in Passau, bei Fabian.“ An dieser Stelle wird die Richtlinie 2005/36/EG in Maries Leben wichtig. Denn sie regelt künftig die Anerkennung von Berufsabschlüssen und -qualifikationen innerhalb Europas. Dank dieser Richtlinie soll also Maries Abschluss in „Geneeskunde“ auch von einer deutschen Klinik wie ein Abschluss in Humanmedizin akzeptiert werden. Marie weiß, wie wichtig ihr deshalb diese Richtlinie werden kann: „Es klingt komisch, aber das Dokument 2005/36/EG ist der richtige Schlüssel zu Fabians und meiner gemeinsamen Zukunft.“

(…) Damit dieser Schlüssel irgendwann Türen öffnen kann, ist ein langer Weg mit Entscheidungen, Beschlüssen, Abstimmungen nötig. (…) An der Rechtsetzung auf EU-Ebene sind vor allem drei Institutionen beteiligt: die Europäische Kommission, das Europäische Parlament (EP) und der Rat der Europäischen Union (Rat). Am Anfang steht immer eine Idee. In Maries Fall die Idee, dass die Menschen in Europa auch in allen anderen Mitgliedstaaten in ihrem Beruf arbeiten können. Diesen Einfall hatte die Europäische Kommission schon im Jahr 2000. (…) Die Ideen für ein neues Gesetz schreibt die EU-Kommission meist in einem sogenannten Grünbuch auf. Auf dieser Grundlage werden erste Meinungen zu dem Vorschlag gesammelt. Als Ergebnis dieser Stellungnahmen – meist von gesellschaftlichen Gruppen, Verbänden, Interessenvertretungen – gibt die Kommission ein sogenanntes Weißbuch heraus, in dem sie konkret erklärt, wie sie sich das neue Gesetz vorstellt. Dieses Weißbuch wird dann sowohl dem Europäischen Parlament als auch dem Rat der Europäischen Union vorgelegt, damit sie darüber beraten können. Stimmen das Parlament und der Rat der Idee zu, schreibt die Kommission einen Vorschlag für eine Richtlinie oder eine Verordnung. So heißen Gesetze auf der europäischen Ebene. Der Inhalt eines EU-Gesetzesvorhabens entscheidet, in welchem Verfahren es beschlossen wird. Die Richtlinie 2005/36/EG über die Anerkennung von Berufsqualifikationen fällt unter das Thema Freizügigkeit der Arbeitnehmer, das in den Artikeln 39 und 40 EG-Vertrag geregelt ist. Dadurch ist klar, dass über diese Richtlinie im Mitentscheidungsverfahren zu beraten ist. Es gibt mehr als 20 andere mögliche Wege der Gesetzgebung, etwa das Zustimmungsverfahren oder das Anhörungsverfahren, aber rund drei Viertel aller Vorlagen werden im Mitentscheidungsverfahren behandelt. Sein Kennzeichen ist, dass sowohl der Rat als auch das EP gleiche gesetzgeberische Rechte haben und sich verständigen müssen. Können sich beide Organe nicht einigen, scheitert das Gesetz. Bei Maries Richtlinie 2005/36/EG war dies zum Glück nicht der Fall. Im Europäischen Parlament beraten die Experten in den zuständigen Ausschüssen über die ausformulierte Richtlinie oder Verordnung. Auf der Grundlage eines Berichtes dieser Fachpolitiker legt das EP seine Position fest. Meistens hat es Änderungswünsche an dem Entwurf der Kommission. Diesen Prozess nennt man Erste Lesung. Auch andere Gremien werden zur Unterstützung um ihre Stellungnahme gebeten. Im nächsten Schritt debattiert der Rat über die neuen Vorschläge des EP. Im Rat sind die Regierungen der Mitgliedstaaten durch den jeweiligen Fachminister vertreten. (...) Wenn der Rat mit den Verbesserungsvorschlägen des Europäischen Parlaments einverstanden ist, dann gilt der Gesetzesvorschlag als angenommen. Ist der Rat mit dem Entwurf noch nicht zufrieden, gibt es eine Zweite Lesung. Hier entscheidet das EP über den Standpunkt des Rates. Es kann den Entwurf des Rates mit absoluter Mehrheit der abgegebenen Stimmen annehmen oder ihn mit der absoluten Mehrheit der Abgeordneten ablehnen oder nochmals ändern. Das Europäische Parlament hat also in diesem Stadium die Möglichkeit, ein Gesetz zu verhindern, wenn es mit diesem nicht einverstanden ist.

Hat das EP Änderungswünsche, muss die Kommission sich wieder mit ihrem Gesetzesplan befassen. In vielen Fällen nimmt sie Rücksicht auf die Vorschläge des EP und schickt dem Rat dann einen geänderten Entwurf. Nimmt der Rat diesen Entwurf an, ist das neue EU-Gesetz fertig. Kommt zwischen den Europaparlamentariern und dem Rat keine Einigung zustande, versucht ein Vermittlungsausschuss zu schlichten. Diesem gehören sowohl Mitglieder des Rates als auch des EP an. Meistens einigen sich die beiden Institutionen am Ende auf eine Formulierung. Die muss das Europäische Parlament dann noch mal bestätigen. Das ist dann die Dritte – aber auch letzte – Lesung. Lehnen die Mitglieder des EP den Vermittlungsvorschlag trotzdem ab, ist das Gesetz endgültig gescheitert. Die Gesetzgebungsprozesse innerhalb der EU sind manchmal ziemlich kompliziert. Grob kann man sich jedoch merken: Die Kommission schlägt vor, der Rat entscheidet unter Mitwirkung des Parlaments.

Birte Betzendahl aus: „Glasklar" Jugendmagazin des Deutschen Bundestages (Magazin inzwischen eingestellt)

1 Was wird durch die Richtlinie 2005/36/EG geregelt?

2 Welche drei Organe sind an der Rechtsetzung (Gesetzgebung) auf EU-Ebene beteiligt?

3 Erkläre die Begriffe Grünbuch bzw. Weißbuch im Zusammenhang mit der Rechtsetzung in der EU.

4 Stelle in deinem Heft die richtige Reihenfolge des Gesetzgebungsprozesses auf EU-Ebene her. Verwende hierbei die folgenden Textbausteine sowie die vorgegebene Struktur (Flussdiagramm).

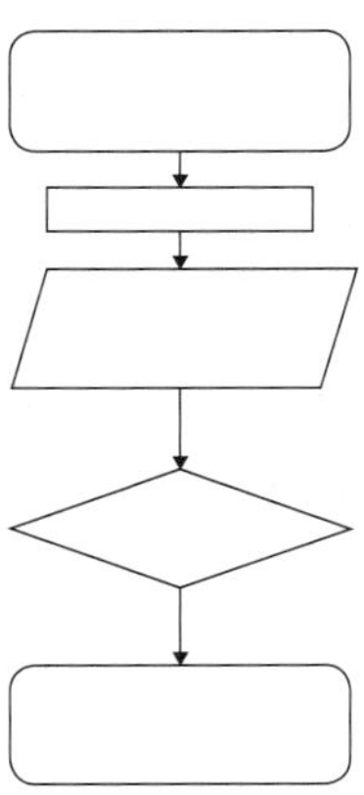

Europäische Kommission und Europäischer Gerichtshof kontrollieren die Umsetzung

Nationale und lokale Behörden setzen EU-Recht in nationales Recht um

Europäische Kommission legt Vorschlag vor

Europäisches Parlament und Ministerrat entscheiden gemeinsam

Die Bedeutung der Europäischen Union für Jugendliche

Im Rahmen der Online-Befragung „Jugend und Europa", vorgenommen von der Bundeszentrale für Politische Bildung, ergaben sich u. a. die folgenden Ergebnisse.

(**Hinweis:** An der Befragung haben 4 065 Jugendliche vornehmlich aus Deutschland, aber auch aus Großbritannien, Irland und Polen teilgenommen. Die größte Altersgruppe stellt dabei die Gruppe der 16–17jährigen dar.)

Frage: „Ich werde dir jetzt ein paar Aussagen darüber vorlesen, was die Europäische Union für Menschen bedeutet. Bitte sage mir zu jeder dieser Aussagen, ob die Europäische Union dies für dich persönlich bedeutet oder nicht."

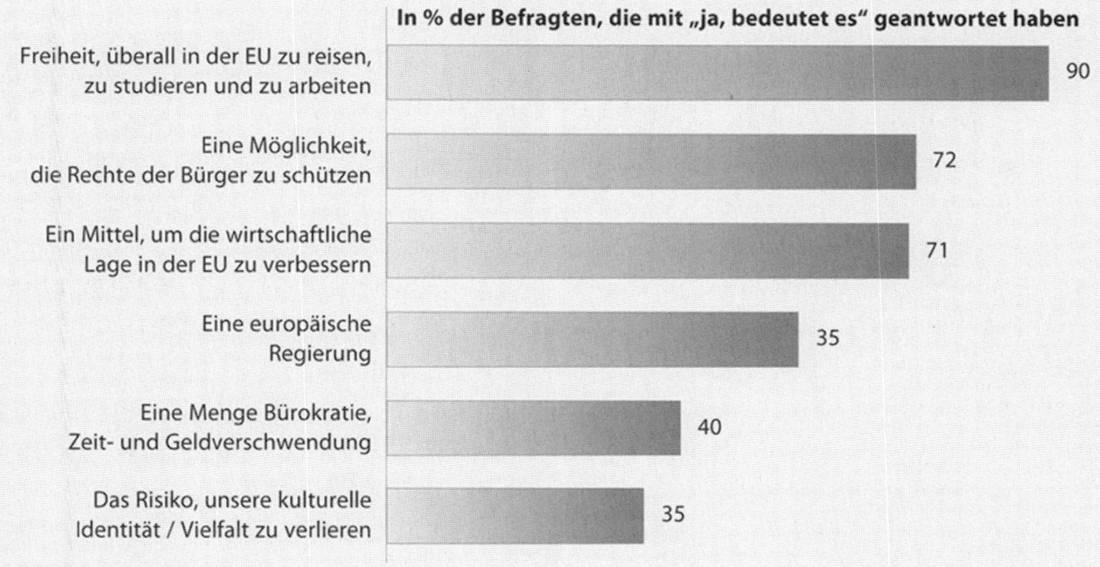

1 Welche positiven Ergebnisse der europäischen Einigung werden überwiegend genannt?

2 In welchen Bereichen werden Kritik bzw. Bedenken geäußert?

3 Führt in eurer Klasse eine (anonyme) Umfrage mit der gleichen Fragestellung durch. Inwieweit ergeben sich Unterschiede bzw. Parallelen?

4 Im Rahmen der oben genannten Online-Befragung ergab sich, dass die befragten Jugendlichen mehrheitlich positive Aspekte mit der Europäischen Union verbinden. Wie lässt sich in diesem Zusammenhang die oft niedrige Wahlbeteiligung von Jungwählern (18–25 Jahre) bei Wahlen zum Europäischen Parlament erklären?

Wahlbeteiligung Europawahl 2004 – Jungwähler 18–25 Jahre

Frauen 34,2 Prozent
Männer 33,5 Prozent

Mein Wunsch für Europa

Im Rahmen eines Schreibwettbewerbs wurden auf der Seite www.youthreporter.eu u. a. folgende Beiträge von Jugendlichen veröffentlicht.

Text 1: Mein Wunsch für Europa

Durch die fortschreitende Globalisierung in Wirtschaft und Politik werden Entscheidungen immer mehr weltweit getroffen. Alleine haben die einzelnen europäischen Länder diesbezüglich Großmächten wie den USA, Russland und China nicht viel entgegenzusetzen, wenn sie nicht zusammenarbeiten.

Daher ist es meiner Meinung nach notwendig, dass „Europa" nach außen hin mit einer Stimme spricht, um seine eigenen Interessen zu wahren, wenn es beispielsweise um die Einhaltung von gewissen Umweltstandards oder Mindestanforderungen für Arbeitnehmer geht. Das Europaparlament ist dafür notwendig und unverzichtbar. Das heißt allerdings nicht, dass die nationalen Besonderheiten und die kulturelle Eigenständigkeit der einzelnen Staaten dafür aufgegeben werden dürfen. Ich habe ein bisschen das Gefühl, dass das Europaparlament zwar versucht, gemeinsame Standards in allen Mitgliedsländern zu fördern, dabei allerdings oft deren individuelle Notwendigkeiten nicht beachtet. Man kann eben nicht alles über einen Kamm scheren. Auch die Jugendlichen in meiner Umgebung sind der Meinung, dass das Projekt „Europa" sich noch verbessern muss, um wirklich hilfreich zu werden. So sollte das Europaparlament den einzelnen Ländern oder Bundesländern mehr Freiraum für individuelle Entscheidungen geben. Es sollte sich etwas mehr auf das wirklich Notwendige beschränken und nicht versuchen, zu viele Dinge unter einen Hut zu kriegen. Weiterhin wäre es wünschenswert, wenn man als Bürger mehr in die Überlegungen einbezogen wird. Mein Wunsch für Europa ist es also, einen Weg zu finden, der die Zusammenarbeit der einzelnen europäischen Staaten fördert, jedoch deren individuelle kulturellen Unterschiede nicht zerstört.

Judith Häger, www.youthreporter.eu

Text 2: Die Vereinigten Staaten von Europa

Ich jedoch glaube fest an ein starkes, zukünftiges Europa, ein Europa, das sich all die verschiedenen Kulturen bewahrt hat und trotzdem in der Außenpolitik mit einer Stimme spricht. An ein Europa der Sprachen, welche dennoch keine Barriere bedeuten. An die Freude der jungen Menschen, andere Kulturen kennenzulernen, nachzufragen, zu hinterfragen oder einfach nur zu staunen. Alte Wunden ruhen zu lassen, aber nicht zu vergessen. Ich glaube an Europa. Dabei denke ich vor allem an Europa als Friedensstifter. Nicht umsonst wurde die Europäische Union nach dem 2. Weltkrieg vor allem gegründet, um weitere Konflikte unter den europäischen Staaten zu vermeiden. Und ich werde nie vergessen, was meine Großmutter mir gesagt hat, als ich für ein Jahr nach Frankreich gehen wollte: „Mein Mann hat noch gegen Frankreich kämpfen müssen und mein Enkel arbeitet jetzt freiwillig bei einer französischen Zeitung." Deshalb, genau deshalb stehe ich mit ganzem Herzen hinter Europa.

Daniel Hadwiger, www.youthreporter.eu

Welche Wünsche bzw. Bedenken werden von den Jugendlichen an die Europäische Union herangetragen? Wie begründen die Verfasser jeweils die Notwendigkeit eines geeinten Europas?

Der Deutsche Bundestag und das Europäische Parlament im Vergleich

Vergleiche den Deutschen Bundestag und das Europäische Parlament anhand der folgenden Kriterien. Konsultiere hierfür die Webseite des Deutschen Bundestags (http: // www.bundestag.de) bzw. die Online-Informationen des Europäischen Parlaments (http: // www.europarl.europa.eu).

	Deutscher Bundestag	Europäisches Parlament

Ort, Sitz		
Wahl		
Zahl der Abgeordneten		
Präsident		
Gesetzgebung, Gesetzesinitiative		
Kontrollfunktion		
Haushalt		
Anzahl der Ausschüsse		

1 „Alltägliche" Demokratie

Familienkonferenz Seite 6

1 Der Familienrat bei Kowalskis tagt. Wohin soll die jährliche Urlaubsreise gehen? Alle Familienmitglieder haben hierbei unterschiedliche Vorstellungen. Vater Kowalski möchte gern auf einen Segeltörn gehen, Mutter Kowalski hat Lust auf einen Inselurlaub, die Tochter will in eine Großstadt wie Dubai und der Sohn begeistert sich für eine Reise in die Berge.

2 Jedes Mitglied hat das Recht ... seine Meinung zu äußern.
Die Stimme jedes Familienmitgliedes hat ... das gleiche Gewicht.
Die getroffene Entscheidung sollte ... von allen akzeptiert werden.
Der Vorsitz der Familienkonferenz sollte ... wechseln.
An die Entscheidungen sind alle Familienmitglieder ... gebunden.
Der Umgang miteinander sollte ... freundlich und sachlich bleiben.

Demokratie in der Schule – Rechte von Schülervertretungen Seite 8

1 Die Schülermitverantwortung hat im alltäglichen Schulbetrieb eine Reihe wichtiger Aufgaben. Sie ist verantwortlich für die Wahl der Schülervertretung auf Klassen-, Schul-, Bezirks- und Landesebene. Die Schülervertretung hat gegenüber den Schulleitungen ein Informations- und Anhörungsrecht bei allen wesentlichen Entscheidungen innerhalb der Schulgemeinschaft. Ebenso wirken die Mitglieder der SMV bei der Erstellung einer Hausordnung oder bei Schulveranstaltungen mit. Auch die Prinzipien zur Gestaltung des Unterrichts können Thema der SMV-Sitzungen sein.

2 Weitere sinnvolle „Gebote" für die SMV-Arbeit: sachliche und faire Argumentation, Entscheidungen werden von allen Mitgliedern der SMV getragen, die SMV verfolgt keine Einzelinteressen, sondern hat die Anliegen aller Schüler zu berücksichtigen.

3
- LandesschülerInnenvereinigung, LSV Bayern begreift sich als Unterstützung des Landesschülerrates in Bayern (LSR) = offizielle Schülervertretung des Bundeslandes
- Unterstützung der gewählten SchülervertreterInnen auf allen Ebenen
- führt Veranstaltungen zum Erfahrungsaustausch und zur Weiterbildung durch
- Ordentliche Mitglieder sind amtierende Bezirksschülersprecher.
- Bezirksschülersprecher werden auf offiziellen Bezirksaussprachetagungen in jedem Schulaufsichtsbezirk Bayerns (meist Regierungsbezirke) gewählt.
- Bezirksschülersprecher wählen für jede Schulart auf der Landesschülerkonferrenz (LSK) zwei Landesschülersprecher.
- Dreiköpfiger Vorstand der LSV wird aus allen Landesschülersprecher gewählt.
- Als Ersatz können auch Bezirksschülersprecher gewählt werden.
- Jeder bayerische Schüler wird zu Mitgliederversammlung (ca. alle sechs Wochen stattfindend) eingeladen, hat Recht, sich zu artikulieren oder sogar als beratendes Mitglied zu unterstützen.

Jugendstadtrat Seite 9

1 Die Schüler der weiterführenden Schulen in Solingen.

2 Einrichtung einer Jobbörse zwischen Senioren und Jugendlichen, Partyveranstaltungen für unter 18-Jährige, Angebote für Jugendliche in „benachteiligten" Stadtteilen.

3 Stadtjugendring, Jugendhilfeausschuss, Sportausschuss, Zuwanderer- und Integrationsausschuss oder bei Bedarf in Sitzungen der Bezirksvertretungen.

4 Das besondere Profil des JSR Solingen ergibt sich dadurch, dass ... **die Mitglieder des JSR allen weiterführenden Schulformen angehören.**

5 Errichtung von Spielplätzen, Jugendtreffs, Unterstützung arbeitssuchender Jugendlicher, ...

Jugend- und Auszubildendenvertretung — Seite 10

In Betrieben mit in der Regel mindestens drei Arbeitnehmern, die das 18. Lebensjahr noch nicht vollendet haben (jugendliche Arbeitnehmer) oder die zu ihrer Berufsausbildung beschäftigt sind und das 25. Lebensjahr noch nicht vollendet haben, werden Jugend- und Auszubildendenvertretungen gewählt.	**falsch**
Zur Wahl der JAV sind alle Arbeitnehmer eines Betriebs berechtigt.	**falsch**
Die Jugend- und Auszubildendenvertretung besteht in einem Betrieb mit 25 jugendlichen Arbeitnehmern und Auszubildenden aus drei Mitgliedern.	**richtig**
Die Jugend- und Auszubildendenvertretung wird durch mündliche Abstimmung gewählt.	**falsch**
Die Jugend- und Auszubildendenvertretung kann zu allen Betriebsratssitzungen einen Vertreter entsenden.	**richtig**
Die Jugend- und Auszubildendenvertreter werden über Beschlüsse des Betriebsrats, die vor allem jugendliche Arbeitnehmer und Auszubildende betreffen, informiert.	**richtig**
In Betrieben, die in der Regel mehr als fünfzig jugendliche Arbeitnehmer und Auszubildende beschäftigen, kann die Jugend- und Auszubildendenvertretung Sprechstunden während der Arbeitszeit einrichten.	**richtig**
Die JAV hat darüber zu wachen, dass die zugunsten jugendlicher Arbeitnehmer und Auszubildender geltenden Gesetze, Verordnungen, Unfallverhütungsvorschriften, Tarifverträge und Betriebsvereinbarungen durchgeführt werden.	**richtig**

Mitbestimmung im Betrieb — Seite 13

1 **Zuständigkeiten:** Gestaltung der Arbeitszeit, Urlaubsgrundsätze und Urlaubsplanung, Ordnung im Betrieb, Verhalten der Arbeitnehmer, Kündigungen

Rechte: Mitwirkungs-, also Informations- und Anhörungsrecht, Mitbestimmungsrecht

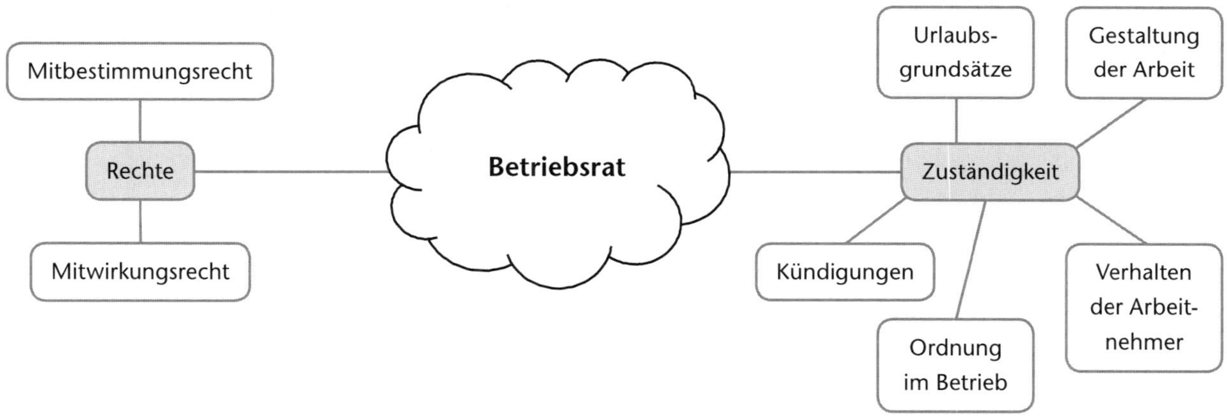

3 Der Betriebsrat wird von den Mitarbeitern gewählt (schriftliche, geheime Wahl).

4 Von der Anzahl der Mitarbeiter.

5 a In Betrieben mit in der Regel mindestens fünf ständigen wahlberechtigten Arbeitnehmern, von denen drei wählbar sind, finden Betriebsratswahlen statt. Dies gilt auch für gemeinsame Betriebe mehrerer Unternehmen. Wählbar sind alle Wahlberechtigten, die sechs Monate dem Betrieb angehören oder als in Heimarbeit Beschäftigte in der Hauptsache für den Betrieb arbeiten. Bei einer Firma dieser Größe besteht der Betriebsrat aus einer Person.

b Maßnahmen des Arbeitskampfes zwischen Arbeitgeber und Betriebsrat sind unzulässig (z. B. Streik, Aussperrung). Der Betriebsrat darf also nicht dazu aufrufen, sehr wohl aber Vertreter einer Gewerkschaft.

c Die Jugend- und Auszubildendenvertretung kann zu allen Betriebsratssitzungen einen Vertreter entsenden.

Beteiligungsformen von Kindern und Jugendlichen — Seite 14

1 **Projektorientierte Beteiligungsformen:** Gestaltung von Spiel- und Freizeitflächen, Gestaltung von Schulhöfen
Vertretung von Kindern und Jugendlichen in Erwachsenengremien: Stadtteilarbeitskreise, Runde Tische, Bürgerinitiativen
Repräsentative Beteiligungsformen: Jugendgemeinderäte, Jugendbeirat, Kinder- und Jugendparlament
Offene Beteiligungsformen: Kinder- und Jugendforen, Jungbürgerversammlungen, Kinderkonferenzen
Kontakte mit Politikern: Sprechstunden, Meckerbriefkäsen, Rathausbesuche für Schulklassen

Jugendliche Beteiligung – Pro und Kontra — Seite 15

1 Jugendliche sollten sich im kommunalen Geschehen engagieren, um damit ihre Zugehörigkeit zur örtlichen Bevölkerung auszudrücken.

2 Ein kommunalpolitisches Engagement lohnt sich nach Auffassung vieler Jugendlicher nicht, da es keine (wenige) Einflussmöglichkeiten auf die Gemeindeverwaltung gibt.

3 Fehlendes politisches Engagement hilft denen, die an der Macht sind, kann unter Umständen aber auch extremistischen politischen Positionen dienen.

Bürgerinitiative — Seite 16

1 Bürgerinitiativen versuchen über die Parteigrenzen hinweg, lokale Interessen geltend zu machen. Sie haben das Ziel, die geplanten Projekte zu stoppen oder wenigstens verträglicher zu gestalten.

2 Neubauten von Industrieanlagen und damit verbundene Abgasbelastung; Bau von gefährlichen Wiederaufbereitungsanlagen; Schließung von Schulen und Sportplätzen

3 1947, die Schutzgemeinschaft Deutscher Wald

4 Umweltschutz

5 Aktions- und Handlungsformen einer Bürgerinitiative sind z. B. Unterschriftensammlung, Demonstrationen, Medienarbeit.

6 Politiker als Entscheidungsträger, Medien, um Einfluss auf die öffentliche Meinung zu nehmen.

2 Entstehung und Weiterentwicklung der Demokratie

Chronik der Demokratie — Seite 17

1

1	g) **Athen 4. Jh. v. Chr:** Nur selbstständige Männer sind Staatsbürger (ca. 10 % der Bevölkerung) und dürfen an Wahlen und Abstimmungen teilnehmen.
2	h) **Griechenland 3. Jh. v. Chr.:** Aristoteles stellt in klassischer Dreiteilung die Herrschaft des Volkes der Monarchie / Tyrannis und der Aristokratie / Oligarchie gegenüber.
3	c) **Europa ab 12. Jh.:** Das Bürgertum setzt mit dem Aufschwung der Städte die Selbstverwaltung durch. Im 14. Jh. erlangen z. T. auch Zünfte Mitspracherechte.
4	d) **Schweiz ab 1291:** Die drei Urkantone Uri, Schwyz und Unterwalden bestehen aus bäuerlichen Gemeinden, die über eine eigene, gewählte Gerichtsbarkeit verfügen.
5	k) **Mitteleuropa 1525:** Im Bauernkrieg fordern die „12 Artikel" der Schwaben die Pfarrerwahl, eine Autonomie der Gemeinden und das Ende der Leibeigenschaft.
6	j) **Genf 1541:** Calvin verbreitet den Gedanken von der Gleichheit aller Menschen als „Kinder Gottes". Er betont die Unabhängigkeit von Kirche und Staat.
7	f) **England 17. Jh.:** Mit der Revolution wird England das Geburtsland der modernen Demokratie. Die „Bill of Rights" (1689) begründet die Herrschaft des Parlaments.
8	n) **Europa 17./18. Jh.:** Aufklärung mit dem Ziel, den Bürger aus „seiner selbst verschuldeten Unmündigkeit"(Kant 1784) zu befreien. Hauptforderungen sind Toleranz und Meinungsfreiheit (Voltaire).

9	l) **USA 1776:** Die Unabhängigkeitserklärung beruft sich auf die Menschenrechte. Die US-Verfassung (1787) basiert auf der Idee der Gewaltenteilung nach Montesquieu.
10	a) **Frankreich 1789:** Die Französische Revolution wird mit ihrer Betonung der Menschen- und Bürgerrechte zum Vorbild für moderne Verfassungen.
11	i) **Europa 1848:** Revolutionswelle mit dem Ziel des allgemeinen Wahlrechts. Die Erfolge bleiben gering.
12	m) **Europa 20. Jh.:** Liberale demokratische Vorstellungen setzen sich auf breiter Front durch. Allgemeines und gleiches Wahlrecht für Frauen und Männer.
13	b) **Russland 1917:** Die Rätedemokratie will soziale Gerechtigkeit herstellen. Der Ansatz schlägt um in die absolute Herrschaft einer Oligarchie an der Spitze der kommunistischen Partei.
14	e) **Osteuropa 1989:** Mit der Revolution in Osteuropa und dem Untergang der sozialistischen Regime siegt die westliche Vorstellung einer pluralistischen parlamentarischen Demokratie.

E-Democracy Seite 18

1 a Das Internet wird zum zentralen Medium für die Kommunikation zwischen Politik und Bürgern.

b So ist für die jüngeren Wähler das Internet schon heute das Informationsmedium Nummer eins für politische Themen.

c Stark im Kommen sind soziale Online-Netzwerke.

d Blogs und soziale Online-Netzwerke werden für die politische Kultur immer wichtiger, weil sie eine direkte Interaktion zwischen Bürgern und Politikern ermöglichen.

Online-Wahlen – Pro- und Kontra-Diskussion Seite 20

1 Pro

- Herkömmliche Wahlen sind leicht angreifbar und funktionieren weniger durch Verfahren als durch Idealismus, Loyalität und Gesetzestreue der Wähler und Wahlhelfer.
- Das Internet macht die ganze Welt zum Wahllokal. Der Bedienungskomfort steigt.
- Die Wahlorganisation wird erleichtert. Ein Vollsystem mit Online-Plattform für die Wahlvor- und -nachbereitung nimmt Wahlvorständen bis auf die Eingabe der Rahmendaten alle Arbeiten komplett ab. Die Auszählung der Stimmen und die Berechnung von Listenplätzen geschieht auf Knopfdruck fehlerfrei.
- Ab einer bestimmten Menge kostet alles weniger als einen Euro pro Wahlberechtigtem – also nur noch Bruchteile dessen, was zum Beispiel die Briefwahl kostet.

Kontra

- Der Grundsatz der allgemeinen Wahl würde durchbrochen, weil ein großer Teil der Wahlberechtigten in Deutschland auf nicht absehbare Zeit keinen Zugang zum Internet hat oder diese Technik aus den verschiedensten Gründen nicht beherrscht.
- Die Gefahr nachhaltiger Störungen einer Internet-Wahl am Wahltag und einer damit verbundenen tatsächlichen Vereitelung der Stimmabgabe von vielen Wahlberechtigten ist beträchtlich. Denn Internetverbindungen bleiben – nach dem Stand der Technik – trotz aller Sicherheitsvorkehrungen störanfällig und können, zum Beispiel durch gezielte Überlastungen, für Stunden blockiert werden.
- Bei einer Internet-Wahl würden Stimmabgabe und Ermittlung des Wahlergebnisses in einem Umfang intransparent und der öffentlichen Kontrolle durch die Wahlberechtigten entzogen, der das Vertrauen der Wählerschaft in die Ordnungsmäßigkeit des Wahlaktes untergräbt. Deshalb müssten die nicht auszuschließenden Sicherheitsrisiken bei den digitalen Internetprozessen durch transparente, dem „normalen“ Wahlberechtigten verständliche und nachvollziehbare Kontrollmechanismen ausgeglichen werden – vergleichbar dem einfachen Augenschein bei der Beobachtung der Stimmenauszählung im Wahllokal.

2

Pro	Kontra
Kostengünstig	Zugriffsmöglichkeit auf Internet notwendig, Medienkompetenz
Hoher Bedienkomfort	Abhängigkeit von der Technik
Weniger Arbeitsaufwand	Transparenz bei Stimmauszählung geht verloren
Hohe Sicherheit durch Verschlüsselung der Daten	

3 Was bedeutet Demokratie?

Demokratie in Bildern — Seite 21

1 Volk, Parteien, Bundestag, Wahlen, Demonstrationsfreiheit Bundesverfassungsgericht

Demokratieformen — Seite 22

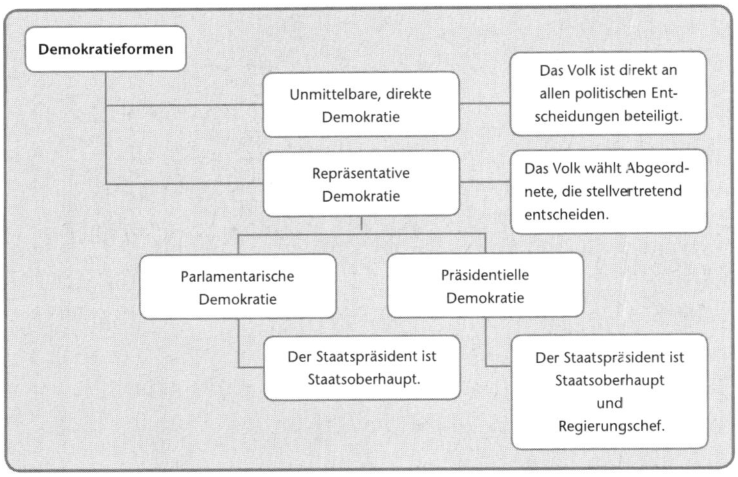

Mehrheitsprinzip — Seite 23

1 Voraussetzungen für das Mehrheitsprinzip sind die Chance der jeweiligen Minderheit, **selbst Mehrheit zu werden,** sowie die Garantie wichtiger politischer **Grundrechtsbereiche (z. B. Meinungsfreiheit, ...).**

2 Diktatur der jeweiligen Mehrheit; Unterdrückung der jeweiligen Minderheit etc.

Demokratie in Zitaten — Seite 24

1 b), d), e) 2 g), j) 3 k) 4 b) 5 f), h) 6 b), i) 7 a)

Scherbengericht und Sieg der Demokratie — Seite 26

1 Direkte Demokratie; zumindest die Bürger (Bürgerrechte) sind an den politischen Entscheidungen beteiligt.

2 **Vorteile:** direkte Beteiligung der Bürger, mehr Interesse an politischen Belangen
Nachteile: direkte Demokratie erfordert hohes Engagement der Bürger, schwierige Organisation
Gefahren: Manipulation weiter Kreise der Bevölkerung

3 Diese Form der Demokratie könnte in unserer Gesellschaft nicht umgesetzt werden, weil **politische Entscheidungen zunehmend komplexer werden (z. B. Finanzgesetze), sich eine direkte Demokratie der wahlberechtigten Bürger nur schwer organisieren ließe.**

4 Fremde, Frauen, Sklaven und Jugendliche (evtl. schon volljährig) sind nicht stimmberechtigt.

5 Geldstrafen für Nichtwähler

Rechtsstaatliche Grundsätze – Frage-Antwort-Puzzle — Seite 27

1e) Wonach muss im deutschen Rechtsstaat alles staatliche Handeln ausgerichtet sein?
Die Gesetze und alles staatliche Handeln sind im Rechtsstaat an die Grundrechte gebunden.

2a) Wie ist im Rechtsstaat die Staatsgewalt unterteilt? Legislative, Exekutive, Judikative.

3c) Wie werden im Rechtsstaat Konflikte gelöst?
Der Rechtsstaat gewährt dem Bürger den sogenannten Rechtsweg, um Streitfragen klären zu lassen.

4d) Welchem Grundsatz muss die Strafverfolgung im deutschen Rechtsstaat folgen?
Im Rechtsstaat ist die mehrfache Bestrafung wegen derselben Tat ausgeschlossen.

5b) Welche Stellung besitzen die Richter im deutschen Rechtsstaat?
Sie sind unabhängig und nur den Gesetzen unterworfen.

6f) Welches Gericht kann bei der Verletzung von Grundrechten angerufen werden?
Bei Verletzung von Grundrechten kann Klage vor dem Bundesverfassungsgericht erhoben werden.

Ich bin für mich – Der Wahlkampf der Tiere — Seite 29

1 Der Karpfen macht sich in seinem Wahlprogram als einziger Gedanken um das Gemeinwohl.

2 Zustand der Anarchie (Herrschaftslosigkeit); jedes Tier verfolgt ausschließlich die eigenen Interessen.

3 Demokratie braucht einen gesellschaftlichen Grundkonsens.

Verfassungsorgane der Bundesrepublik Deutschland — Seite 30 / 31

1 Frage 1: Auf wie lange Zeit wird der Bundespräsident gewählt?
Frage 2: Von wem werden die Richter des Bundesverfassungsgerichts gewählt?
Frage 3: Wie viele Mitglieder hat der Bundesrat?
Frage 4: Wer ist Mitglied des Bundesrats?
Frage 5: Wer wählt den Bundespräsidenten?
Frage 6: Für welchen Zeitraum werden die Abgeordneten des Deutschen Bundestags gewählt?
Frage 7: Wer wählt den Bundeskanzler / die Bundeskanzlerin?
Frage 8: Wer schlägt den Bundeskanzler vor?
Frage 9: Wen ernennt der Bundespräsident?
Frage 10: Wer gehört der Bundesversammlung an?
Frage 11: Wer wählt die Abgeordneten des Deutschen Bundestags?
Frage 12: Wer wählt die Abgeordneten der Länderparlamente?

2 Deutscher Bundestag – Legislative; Bundesregierung – Exekutive; Bundesverfassungsgericht – Judiaktive

3 Bundesrat – Legislative (Mitwirkung an der Bundesgesetzgebung)

4 Stand April 2010:

Ressort	Person	Partei
Bundeskanzlerin	Angela Merkel	CDU
Auswärtiges Amt und Stellvertretender Bundeskanzler	Guido Westerwelle	FDP
Inneres	Thomas de Maizière	CDU
Justiz	Sabine Leutheusser-Schnarrenberger	FDP
Finanzen	Wolfgang Schäuble	CDU
Wirtschaft und Technologie	Rainer Brüderle	FDP
Arbeit und Soziales	Ursula von der Leyen	CDU
Ernährung, Landwirtschaft und Verbraucherschutz	Ilse Aigner	CSU
Verteidigung	Karl-Theodor zu Guttenberg	CSU
Familie, Senioren, Frauen und Jugend	Kristina Schröder	CDU
Gesundheit	Philipp Rösler	FDP
Verkehr, Bau und Stadtentwicklung	Peter Ramsauer	CSU
Umwelt, Naturschutz und Reaktorsicherheit	Norbert Röttgen	CDU
Bildung und Forschung	Annette Schavan	CDU
Bundesminister für besondere Aufgaben und Chef des Bundeskanzleramtes	Ronald Pofalla	CDU
Wirtschaftliche Zusammenarbeit und Entwicklung	Dirk Niebel	FDP

5 Die einzelnen Staatsgewalten wirken zusammen und erst in der aufeinander abgestimmten Zusammenarbeit bilden Sie ein funktionierendes Ganzes.

Aufgaben und Funktionen des Deutschen Bundestags Seite 32

1 Volk, Gesetzgebung, Kontrolle, Bundeshaushalt, Ausland, Wahl, Legislative, Länderkammer, Parteien, Bundesversammlung, Landesparlamenten, Bundesverfassungsgerichts

2 Das Parlament übt in erster Linie die Gesetzesinitiative aus.

Die Organisation des Bundestages und der Abgeordneten Seite 34

	richtig	falsch
Eine Fraktion wird aus Abgeordneten verschiedener Parteien gebildet.		✓
Zur Gründung einer Fraktion bedarf es einer Anzahl von fünf Abgeordneten.		✓
Gruppen und Fraktionen besitzen grundsätzliche die gleichen Rechte im Bundestag.		✓
Der Ältestenrat setzt sich aus den an Lebens- oder Dienstjahren ältesten Mitgliedern des Bundestags zusammen.		✓
Zu den Aufgaben der Ausschüsse gehört es, Gesetzesentwürfe vorzubereiten.	✓	
Enquete-Kommissionen beraten den Bundestag zu wichtigen gesellschaften Entwicklungen.	✓	
Die Ausschussmitglieder werden vom Bundestagspräsidenten bestimmt.		✓
Die Ausschüsse sind spiegelbildlich zur Zusammensetzung der Fraktionen im Plenum besetzt.	✓	
Die meisten Abgeordneten des Bundestages sind Mitglied einer Fraktion.	✓	
Eine Gruppe benötigt mindestens fünf Prozent der Gesamtzahl der Abgeordneten des Deutschen Bundestags.		✓

Erläuterung:

- Eine Fraktion wird in der Regel von Abgeordneten der gleichen Partei gebildet.
- Zur Gründung einer Fraktion bedarf es einer Anzahl von Mitgliedern, die mindestens fünf Prozent der Gesamtzahl der Mitglieder des Bundestages enthält.
- Gruppen haben im Bundestag weniger Rechte als eine Fraktion.
- Die Ausschussmitglieder werden von den Fraktionen bestimmt.
- Eine Gruppe benötigt nur fünf Abgeordnete.

Parlamentarische Demokratie – Gewaltenverschränkung Seite 35

1

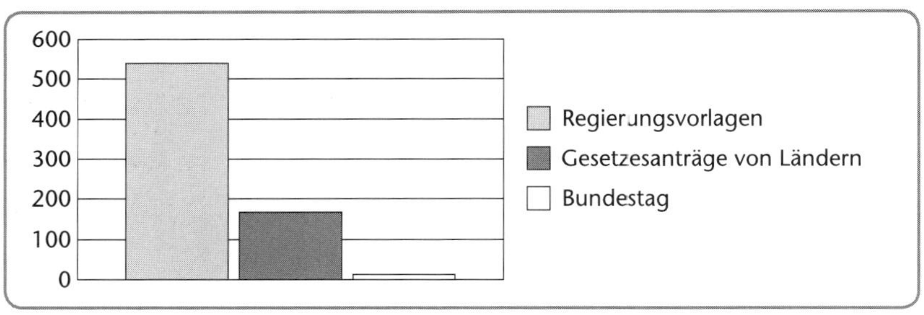

2 Bundestag; die meisten Gesetzesinitiativen gingen aber von der Bundesregierung aus.

3 Gewaltenteilung kann letztlich nur funktionieren, wenn die einzelnen Organe ein Eingriffsrecht in die anderen „Zweige" besitzen, um effektiv ihre Kontrollfunktion ausüben zu können.

4 konstruktives Misstrauensvotum, der Bundeskanzler/die Bundeskanzlerin wird vom Bundestag gewählt.

5 von links: Legislative, Exekutive, Judikative

Gang der Gesetzgebung Seite 36 / 37

Bundesregierung, Bundestag, Bundesrat, Bundesrat, Bundesregierung, Fraktion, fünf, Lesungen, Ausschuss, Bundesrat, zustimmungspflichtiges Gesetz, einfachen, Vermittlungsausschusses, Bundesrat, Vermittlungsausschuss, Bundespräsidenten, Bundesgesetzblatt

„Kanzlerdemokratie" Seite 38

1 Kanzlerdemokratie ist ein politisch-journalistisches Schlagwort, durch welches zum Ausdruck gebracht werden soll, dass der Bundeskanzler/die Bundeskanzlerin **die Richtlinien der Politik bestimmt und auch die Verantwortung trägt.**

2 Grundgesetz

3 **Vorzüge**: Stärkerer Einfluss des Kanzlers auf bestimmte Entscheidungen, stärkere Position des Kanzlers
Schwierigkeiten: Abhängigkeit von den Parteimitgliedern im Bundestag

Parteiendemokratie Seite 39–41

1 1 d), 2 c), 3 b), 4 a), 5 e)

2 Bürgern, Willensbildung, Bundestag, Organisation, Mitglieder, Öffentlichkeit

3 a) Personal, b) Kandidaten, c) Bündelung, d) Staat, e) Programme

4 Dieser Vorsitzende möchte seine Partei zu einer **Volkspartei** machen. Er will, dass sie möglichst viele **Bürgerinteressen** integriert.

5 Bündelung und Organisation einzelner Bürgerinteressen, um sie in den politischen Entscheidungsprozess einzubringen.

6

Politische Partei	Vorsitzender (Bund)	Mitgliederzahl	Abkürzung
Christlich-Demokratische Union	Angela Merkel	522944	CDU
Christlich-Soziale Union	Horst Seehofer	160000	CSU
Freie Demokratische Partei	Guido Westerwelle	72116	FDP
Die LINKE.	Lothar Bisky	78700	Die LINKE
Bündnis '90/Die Grünen	Claudia Roth	50000	Bündnis '90/Die Grünen
Sozialdemokratische Partei Deutschlands	Sigmar Gabriel	512520	SPD

7 Den großen Volksparteien gehen zunehmend Mitglieder verloren. Ein Hauptgrund dafür ist die Unzufriedenheit mit der Parteipolitik. Die Politik erreicht den Bürger nicht mehr.

Streitbare (wehrhafte) Demokratie Seite 42/43

1 Recht auf freie Meinungsäußerung; Pressefreiheit; Lehrfreiheit; Asylrecht; Recht auf Eigentum; Versammlungsfreiheit; Vereinigungsfreiheit und das Postgeheimnis.

2

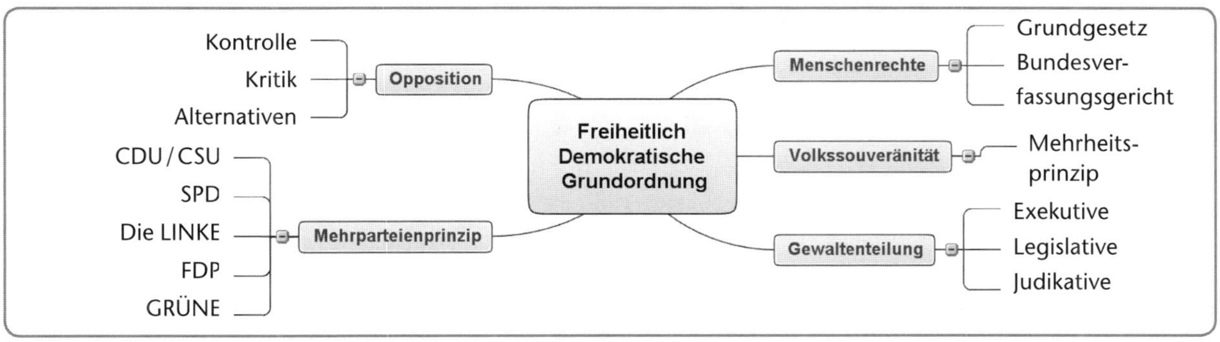

3 Versammlungsfreiheit

4 Gefahr für die öffentliche Sicherheit

5 Klage vor dem Verwaltungsgericht

Freiheit und (oder?) Sicherheit Seite 44

1 Der deutsche „Michel" steht stellvertretend für das demokratische System der BRD.

2 Terroranschläge vom 11. September 2001 auf das World Trade Center in New York.

3 Dilemma: Einschränkung von Bürgerrechten zugunsten einer höheren Sicherheit.

Parteienverbot Seite 45

1 Bundesverfassungsgericht

2 Bundesregierung, Bundestag, Bundesrat

3 Bei einer „aggressiv-kämpferischen" Haltung gegen die freiheitliche Grundordnung oder Absicht, diese Grundordnung beseitigen zu wollen.

4 Beweise aufgrund der Erkenntnisse verdeckter Ermittler („V-Leute") konnten vor Gericht nicht verwendet werden.

5 Schulprojekte gegen Rechts, Bürgerinitiativen etc.

Politische Verbände — Seite 46

1 Interessen, Entscheidungsprozess, Fachverbände, Massenorganisationen, Staat, Öffentlichkeit, Mitgliedschaft

2 1. Deutscher Sportbund,
2. ADAC Allgemeiner Deutscher Automobil-Club e. V.,
3. Deutscher Fußballbund (DFB),
4. Deutscher Turner-Bund (DTB),
5. Deutsches Rotes Kreuz e. V. (DRK),
6. Landessportverband Baden-Württemberg,
7. Landessportbund Rheinland-Pfalz,
8. Sozialverband VDK,
9. Deutscher Mieterbund,
10. Bundesverband Deutscher Gartenfreunde,
11. Gewerkschaft Erziehung Wissenschaft (GEW)

3 **Arbeit und Wirtschaft**: Bundesverband der Deutschen Industrie e. V. (BDI)
Gesellschaft und Politik: z. B. Mieterbund, ADAC
Freizeit und Kultur: z. B. Verband Deutscher Gartenfreunde, DFB, Sportverband Baden Württemberg, Sportverbund Rheinland-Pfalz, DTB, Deutscher Sportbund
Bildung und Wissenschaft: GEW
Gesundheit und Soziales: Sozialverband VDK, DRK

Wahlsysteme — Seite 47

Mehrheitswahlsystem
Vorteil: Klare Mehrheiten, keine Parteienzersplitterung
Nachteil: Minderheitenstimmen gehen verloren

Verhältniswahlsystem
Vorteil: Jede Stimme zählt
Nachteil: Verzerrung des Wählerwillens durch Sperrklauseln

Stimmzettel zur Wahl der Abgeordneten des Deutschen Bundestags — Seite 48

1 Jeder Wähler hat **zwei** Stimmen. Mit der sogenannten **Erststimme** wird der Wahlkreisabgeordnete, mit der Zweitstimme die Kandidatenliste einer **Partei** gewählt.

2 Die Abgeordneten des Deutschen Bundestages werden in **allgemeiner**, **unmittelbarer**, **freier**, **gleicher** und **geheimer** Wahl gewählt.

3 Das Grundrecht auf allgemeine, unmittelbare, freie, gleiche und geheime Wahlen ist von grundlegender Bedeutung für den Bestand einer Demokratie. Gibt es sie nicht, sind alle weiteren demokratischen Bemühungen zweitrangig.

Wahlen in früherer Zeit — Seite 49

1 a Allgemeine Wahl – Jede Person, die **die Wahlrechtsvoraussetzungen erfüllt, kann an der Wahl teilnehmen.**
b Geheime Wahl – Jede wahlberechtigte Person muss die Möglichkeit haben, **ihre Stimme unbeobachtet abzugeben (in der Regel in einer Wahlkabine).**
c Freie Wahl – Jede Person kann ohne Zwang und Kontrolle entscheiden, **wen sie wählt und ob sie von ihrem Wahlrecht überhaupt Gebrauch macht.**
d Unmittelbare Wahl – Die Kandidaten bzw. Parteien und Wählergruppen werden **direkt von den Wahlberechtigten gewählt**
e Gleiche Wahl – Jede Wählerstimme **hat den gleichen Wert.**

2 a Gleiche Wahl
b Geheime Wahl, freie Wahl

4 Demokratie im Vergleich zu anderen Systemen

Demokratie – Diktatur Seite 50

Gewaltenteilung:
Diktatur: Alle Staatsgewalt in der Hand eines „Führers"
Demokratie: Aufteilung der Staatsgewalt in Exekutive, Legislative, Judikative

Grundrechte
Diktatur: Einschränkung bzw. Aufhebung der Menschenrechte
Demokratie: Garantie der Menschenrechte

Politische Entscheidungsfindung
Diktatur: Keine Wahlen bzw. Einheitsparteien
Demokratie: Freie Wahlen

Opposition
Diktatur: Verfolgung der Opposition
Demokratie: Wichtige Funktion der Opposition (Kritik, Kontrolle der Regierung)

Politische Parteien
Diktatur: Einheitspartei
Demokratie: Mehrparteiensystem

Demokratur? Seite 51

1 Demokratie und Diktatur

2 „Diktatur" der Mehrheit

5 Grundrechte

Zeittafel Seite 52

1

1	**1215 Magna Charta Libertatum** (England); Beschränkung der Macht des Königs, jedem freien Bürger Englands wird ein Mindestmaß an Rechtsschutz vor staatlicher Willkür garantiert.
2	**1679 Habeas-Corpus-Akte** (England); Schutz vor willkürlicher Verhaftung ohne richterliche Anordnung.
3	**1689 Bill of Rights** (England); Rechte des Parlaments gegenüber dem König werden festgeschrieben.
4	**1776 Amerikanische Unabhängigkeitserklärung**; Garantie allgemeiner Menschenrechte.
5	**1789 Erklärung der Menschen- und Bürgerrechte** (Frankreich); Festschreibung von Menschen- und Bürgerrechten, Gleichheit aller Menschen vor dem Gesetz.
6	**1848/1849 Paulskirchenverfassung** (Deutschland); erste demokratisch beschlossene Verfassung für ganz Deutschland, die allerdings nie umgesetzt wurde.
7	**1919 Weimarer Reichsverfassung**; Festschreibung eines umfassenden Grundrechtekatalogs.
8	**1948 Allgemeine Erklärung der Menschenrechte**; Ausdrückliches Bekenntnis der Vereinten Nationen zu den allgemeinen Grundsätzen der Menschenrechte.
9	**1949 Grundgesetz**; Garantie unabänderlicher Grundrechte.
10	**1950 Europäische Menschenrechtskonvention**; Konvention zum Schutze der Menschenrechte und Grundfreiheiten.

Der Grundrechtekatalog des Grundgesetzes Seite 53

	Artikel Grundgesetz	Kurzbeschreibung
Freiheitsrechte	Art. 2	Freiheit der Person
	Art. 4	Glaubens- und Gewissensfreiheit
	Art. 8	Versammlungsfreiheit
	Art. 5	Freie Meinungsäußerung
	Art. 9	Vereinigungsfreiheit

	Artikel Grundgesetz	Kurzbeschreibung
Unverletzlichkeitsrechte	Art. 13	Unverletzlichkeit der Wohnung
	Art. 10	Brief- und Telefongeheimnis
	Art. 14	Eigentumsgarantie

	Artikel Grundgesetz	Kurzbeschreibung
Gleichheitsrechte	Art. 3	Gleichheit vor dem Gesetz
	Art. 33	Gleicher Zugang zu öffentlichen Ämtern

Schutz der Grundrechte durch das Bundesverfassungsgericht — Seite 54

1 Offen, transparent, schlicht, einfach, nüchtern, sachlich, …

2 Das Volk ist am wichtigsten (Art. 20 GG, alle Staatsgewalt geht vom Volke aus).

3.1 Verfahrenseingänge haben kontinuierlich zugenommen.

3.2 Bewusstsein der Bürger für die Wahrnehmung ihrer verfassungsmäßigen Rechte hat zugenommen, zunehmende Regulierung aller Lebensbereiche durch Gesetze.

Organisation und Aufbau des Bundesverfassungsgerichts — Seite 55

2 Judikative

3 Präsident: Prof. Dr. Andreas Voßkuhle; Vizepräsident: Prof. Dr. Ferdinand Kirchhof (Stand September 2010)

5 Möglichkeit der Verfassungsbeschwerde für den Bürger; Entscheidungen, die relativ nah am Alltag der Bürger sind.

Kinderrechte — Seite 56

1 1f), 2d), 3b), 4e), 5c), 6g), 7a)

2 keine Ausweispapiere, Geburtsurkunde, keine verwaltungsrechtliche Identität …

Grundrechte-Kreuzworträtsel — Seite 57

									1 M					2 B	
									E					R	
		3 P	E	R	S	Ö	N	L	I	C	H	K	E	I	T
									N					E	
			4 A						U					F	
			S						N					G	
			Y						G					E	
			L											H	
			R			5 V								E	
6 U	N	V	E	R	L	E	T	Z	L	I	C	H		I	
			C			R								M	
			H		7 V	E	R	8 S	A	M	M	E	L	N	
			T			I		T						I	
						N		R						S	
					9 G	E	S	E	T	Z					
								I							
								T							
								K							
						10 W	Ü	R	D	E					
								Ä							
								F							
								T							
								E							
								N							

6 Europäische Union

Grundlagentext — Seite 59

Staatenverbund, Binnenmarkt, überstaatliche, zwischenstaatliche, Souveränitätsansprüchen, Regierungen, Unionsbürger, Gemeinschaften, wirtschaftliche, Maastricht, nicht wirtschaftlichen, Währung, Eurozone.

Historische Meilensteine auf dem Weg zu einem vereinigten Europa — Seite 60

Text A und Bild 2; Zusammenlegung der deutschen und der französischen Kohle- und Stahlproduktion

Text B und Bild 1; Landkarte mit Gründerstaaten der Europäischen Wirtschaftsgemeinschaft

Text C und Bild 3; Vertrag von Maastricht – Vollendung der vier Freiheiten, d. h. gemeinsamer Binnenmarkt, der auch den freien Verkehr von Personen, Dienstleistungen, Waren und Kapital vorsieht.

Text D und Bild 4: Vertrag von Lissabon – stärkere Beteiligung der nationalen Parlamente bei der Rechtsetzung der EU sowie die Einführung einer Europäischen Bürgerinitiative.

Die drei zentralen Organe der Europäischen Union — Seite 61

Organ	Aufgaben	Zusammensetzung
Rat der Europäischen Union	– Gesetzgebung (Legislative) der Europäischen Union (zusammen mit dem Europäischen Parlament) – jährliche Verabschiedung des Haushalts der EU (zusammen mit Parlament) – Abstimmung und Koordinierung der Regierungen	– jeweils ein Vertreter pro Mitgliedstaat (Machtbefugnis, für seine Regierung verbindliche Entscheidungen zu treffen; in der Regel Fachminister der EU-Staaten)
Europäische Kommission	– vor allem Aufgaben der Exekutive (ausführende, vollziehende Gewalt) – (Antragsrecht) für die EU-Rechtsetzung – überwacht die Einhaltung des Europarechts durch die EU-Mitgliedstaaten („Hüterin der Verträge") – kann gegebenenfalls Klage beim Europäischen Gerichtshof erheben	– von den Regierungen der Mitgliedstaaten nominiert
Europäisches Parlament	– Gesetzgebungsfunktion (zusammen mit dem Rat der Europäischen Union) – parlamentarische Kontrolle über die Europäische Kommission und den Rat der Europäischen Union – jährliche Verabschiedung des Haushalts der EU (zusammen mit Rat)	Das Europäische Parlament wird von den Bürgern der Europäischen Union alle 5 Jahre gewählt.

Die Organe der EU — Seite 62

1 Rat, Zentralbank, Parlament, Rechnungshof, Gerichtshof, Kommission, Ministerrat

2 Europäisches Parlament, Europäischer Rechnungshof, Europäischer Gerichtshof, Europäischer Rat, Europäische Zentralbank, Europäischer Ministerrat, Europäische Kommission

Die Gesetzgebung in der Europäischen Union — Seite 64

1 Anerkennung von Qualifikationen und Berufsabschlüssen

2 Europäische Kommission, das Europäische Parlament (EP) und der Rat der Europäischen Union (Rat)

3 **Grünbuch:** Ideen für ein neues Gesetz; **Weißbuch:** konkrete Darstellung des neuen Gesetzes

4 Europäische Kommission legt Vorschlag vor → Europäisches Parlament und Ministerrat entscheiden gemeinsam → Nationale und lokale Behörden setzen EU-Recht in nationales Recht um → Europäische Kommission und Europäischer Gerichtshof kontrollieren die Umsetzung

Die Bedeutung der Europäischen Union für Jugendliche Seite 65

1 Reisefreiheit in der EU, Grundsatz der Freizügigkeit

2 Bürokratie, Geldverschwendung, Verlust der nationalen Identität

4 Gerade jüngere Menschen verbinden grundsätzlich positive Aspekte mit der europäischen Einigung, allerdings sind die politischen Entscheidungsprozesse innerhalb der EU wenig transparent und deshalb sind Jugendliche nicht motiviert, zur Wahl zu gehen, nach dem Motto: „Was ich nicht verstehe, kann ich auch nicht wählen".

Mein Wunsch für Europa Seite 66

Wünsche: Europaweite Standards für Umweltschutz und Arbeitnehmer, mehr Freiraum für individuelle Entscheidungen der Länder, mehr Bürgerbeteiligung, kulturelle Eigenständigkeit der Länder, kultureller Austausch, …
Bedenken: z. B. Bewahrung der kulturellen Eigenständigkeit der Länder, …
Notwendigkeit eines geeinten Europas: Höhere Wirtschaftskraft, Friedenssicherung

Der Deutsche Bundestag und das Europäische Parlament im Vergleich Seite 67

	Deutscher Bundestag	**Europäisches Parlament**

Ort, Sitz	Berlin	Straßburg
Wahl	Wahl durch die Bürger (alle vier Jahre)	Die Europa-Abgeordneten werden alle fünf Jahre von Wählern aus allen Mitgliedstaaten der Europäischen Union gewählt.
Zahl der Abgeordneten	622 (17. Bundestag)	736 (Stand: 2010)
Präsident	Norbert Lammert (CDU)	Jerzy Karol Buzek (seit 2009)
Gesetzgebung, Gesetzesinitiative	Der Bundestag schafft das Bundesrecht und ändert das Grundgesetz; das Recht zur Gesetzesinitiative haben zudem Bundesregierung und Bundesrat.	Das Europäische Parlament teilt die Gesetzgebungsbefugnis mit dem Rat der Europäischen Union.
Kontrollfunktion	Kontrolle der Regierung (Untersuchungsausschuss, Fragestunde, …)	Das Europäische Parlament hat gegenüber den Mitgliedstaaten auch das Recht, bei Vertragsverletzungen oder mangelhafter Anwendung des Gemeinschaftsrechts Untersuchungsausschüsse einzusetzen.
Haushalt	Der Bundestag beschließt den Bundeshaushalt	Das Europäische Parlament und der Rat der Europäischen Union bilden die Haushaltsbehörde der Europäischen Union, die jährlich die Ausgaben und Einnahmen der Union festlegt.
Anzahl der Ausschüsse	In der 17. Wahlperiode hat der Bundestag 22 ständige Ausschüsse eingesetzt.	Das Parlament verfügt über insgesamt zwanzig parlamentarische Ausschüsse.